ÉTUDES

SUR

L'ART DE CONDUIRE LES TROUPES

PAR

VERDY DU VERNOIS

COLONEL CHEF D'ÉTAT-MAJOR DU 1ᵉʳ CORPS D'ARMÉE

DEUXIÈME VOLUME

LA DIVISION DE CAVALERIE FAISANT PARTIE D'UNE ARMÉE

TROISIÈME & DERNIÈRE PARTIE

(AVEC UN CROQUIS)

TRADUIT DE L'ALLEMAND

Par A. MASSON, chef d'escadron d'État-major

LIBRAIRIE MILITAIRE C. MUQUARDT

MERZBACH & FALK, ÉDITEURS, LIBRAIRES DE LA COUR

MÊME MAISON A LEIPZIG

PARIS, J. DUMAINE

30, RUE ET PASSAGE DAUPHINE, 30

1876

L'ART

DE

CONDUIRE LES TROUPES

TYPOGRAPHIE DE Mme WEISSENBRUCH

INPRIMEUR DU ROI

RUE DU POINÇON, 45, A BRUXELLES

ÉTUDES

SUR

L'ART DE CONDUIRE LES TROUPES

PAR

VERDY DU VERNOIS
COLONEL CHEF D'ÉTAT-MAJOR DU 1er CORPS D'ARMÉE

DEUXIÈME VOLUME
LA DIVISION DE CAVALERIE FAISANT PARTIE D'UNE ARMÉE

TROISIÈME & DERNIÈRE PARTIE
(AVEC UN CROQUIS)

TRADUIT DE L'ALLEMAND
Par A. MASSON, capitaine d'État-major

BRUXELLES
LIBRAIRIE MILITAIRE C. MUQUARDT
MERZBACH & FALK, ÉDITEURS, LIBRAIRES DE LA COUR
MÊME MAISON A LEIPZIG

PARIS, J. DUMAINE
30, RUE ET PASSAGE DAUPHINE, 30

1876

TABLE DES MATIÈRES

—·◦·—

LE 2 AOUT

———

Croquis du combat de cavalerie du 2 août.

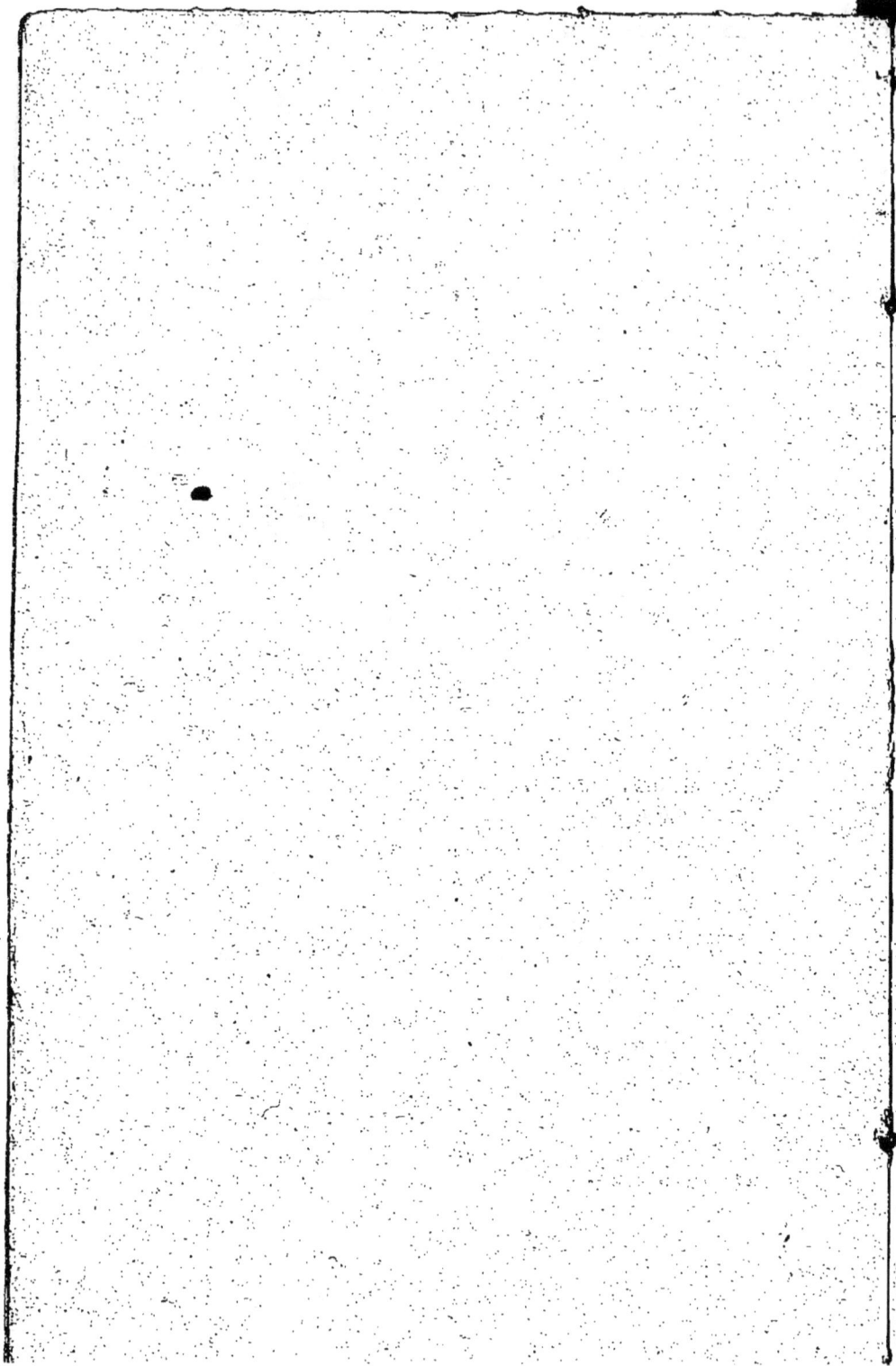

ERRATA

1re PARTIE

2ᵉ PARTIE

LE 2 AOUT.

(Voir les planches de la 1re partie.)

———◦◇◦———

Dans la nuit du 1er au 2 août, la 1re division de cavalerie occupait les positions suivantes :

Droite : brigade de grosse cavalerie.

1° *Escadron détaché :* 2e escadron de uhlans, à Lampertsloch, ayant à sa proximité un escadron du Ve corps, et ses grand'gardes dans la direction de Preuschdorf, ainsi qu'à la lisière de la forêt de Liebwald, face à Mitschdorf ;

2° *Avant-postes; secteur ouest :* Colonel F. avec les 1er et 4e escadrons de uhlans, à Soultz et Retschwiller ; gare de Soultz occupée, avec

1

vedettes en avant ; une grand'garde sur la hauteur au nord d'Oberkutzenhausen ;

Secteur est : Commandant Y. du régiment de cuirassiers ; 4ᵉ escadron de cuirassiers à Hermerswiller, ayant ses vedettes au sud du village, 3ᵉ escadron de uhlans au pont du chemin de fer, au nord d'Hoffen.

3° *Gros de la brigade :* trois escadrons du régiment de cuirassiers et la 2ᵉ batterie à cheval à Schœnenbourg.

Gauche : brigade de hussards.

1° *Escadron détaché :* 4ᵉ escadron du 2ᵉ hussards à Niederroderen ;

2° *Avant-postes; gros :* 1ᵉʳ et 2° escadrons du 1ᵉʳ hussards à Aschbach, ayant des grand'gardes vers le pont de la scierie de Leiterswiller, ainsi qu'à Oberroderen, et un poste de sous-officier à Buhl ;

3° *Gros de la brigade :* État-major, 3ᵉ et 4ᵉ escadrons du 1ᵉʳ hussards à Niederseebach ; 1ᵉʳ, 2ᵉ et 3ᵉ escadrons du 2ᵉ hussards et la 3ᵉ batterie à cheval à Oberseebach.

Réserve : brigade de dragons.

États-majors de la division et de la brigade avec le 2ᵉ régiment de dragons à Hunspach.

1ᵉʳ *régiment de dragons* à Ingolsheim, ainsi que l'ambulance.

A peu de distance en arrière se trouvaient les avant-gardes des Vᵉ et XIᵉ corps d'armée :

A Wissembourg, deux bataillons de la 17ᵉ brigade avec une batterie et trois escadrons. (Le commandant du Vᵉ corps d'armée y avait envoyé tout le régiment de uhlans de la 9ᵉ division, lequel avait détaché un escadron vers Lampersloch.)

A Lauterbourg et à Scheibenhard, trois bataillons de la 41ᵉ brigade, trois escadrons et une batterie; le reste de la brigade était resté avec un escadron au nord du Bienwald.

On savait que l'ennemi occupait Wœrth avec plusieurs bataillons, soutenus par trois régiments de cavalerie. On avait constaté, en outre, la présence à Sourbourg et à Reimerswiller de la 1ʳᵉ brigade de la 1ʳᵉ division d'infanterie, ainsi que du 7ᵉ régiment de chasseurs et d'une brigade de cuirassiers. Le 13ᵉ bataillon de chasseurs était à Fortsfeld avec un régiment de hussards.

A part quelques petites escarmouches aux avant-postes, la nuit se passa en général assez tranquillement.

Vers 3 h. du matin, le général de division reçut à Hunspach l'ordre suivant du grand quartier général :

Quartier-général de la IIIᵉ armée.   Landau, le 1ᵉʳ août 1870.
    Sect. I, n° .   9 h. du soir.

L'ennemi s'est avancé dans la journée d'aujourd'hui par la route de Haguenau à Soultz ; une brigade d'infanterie et trois régiments de cavalerie ont poussé jusqu'à Sourbourg ; d'autres troupes d'infanterie et trois régiments de cavalerie ont en même temps gagné Wœrth ; un bataillon et un régiment de hussards se trouvent à Fortsfeld.

La 1re division de cavalerie se tiendra en contact avec l'adversaire entre Soultz et Niederroderen.

Demain matin, 2 août, *le Ve corps d'armée* fera avancer aussitôt que possible toute la 9e division d'infanterie jusqu'à Wissembourg ; elle prendra position sur les hauteurs au sud de la ville.

Le reste du corps se concentrera à Bergzabern.

La 1re batterie à cheval du 5e régiment d'artillerie sera attachée jusqu'à nouvel ordre à la 1re division de cavalerie.

Le XIe corps d'armée se concentrera à Langenkandel, son avant-garde (41e brigade), qui se trouve à Lauterbourg, se tiendra prête à appuyer la 9e division d'infanterie.

La 1re division de cavalerie se maintiendra constamment en contact avec l'adversaire. Dans le cas où elle serait repoussée, le commandant de la division décidera si elle doit se replier sur Wissembourg ou sur Lauterbourg. Toutefois, la division devra rester toujours en communication avec les avant-gardes des corps d'armée.

Des ordres sont donnés pour la concentration des deux corps bavarois à Landau et Germersheim, et pour la réunion à Spire des divisions badoise et wurtembergeoise.

Le général en chef.

Cet ordre ne réclamait pas de nouvelles dispositions de la part de la division. Rien n'était changé dans sa mission ; toutefois, en ce qui concernait la situation générale, l'ordre du général en chef, ainsi que l'envoi de détachements assez forts d'infanterie au delà de la Lauter, indiquaient l'intention arrêtée de se maintenir sur la rive droite de cette rivière. Quant à la division, elle n'avait qu'à attendre que l'ennemi dessinât ses intentions. Il ne restait donc, pour le moment, qu'à se relier plus intimement avec la 9e division et avec l'avant-garde du XIe corps d'armée.

Un aide de camp fut, en conséquence, envoyé à Wissembourg à 5 h. du matin, pour y attendre l'arrivée du commandant de la 9e division et lui communiquer en détail toute la situation ainsi que les intentions de son général. Il devait appeler principalement son attention sur la nécessité d'occuper de bonne heure avec de l'infanterie la position de Riedseltz. La 1re division de cavalerie pouvait, en effet, se voir forcée d'employer les deux brigades légères sur la rive gauche de l'Hausauerbach, et alors, la 17e brigade d'infanterie ne pourrait plus compter sur la brigade de grosse cavalerie qui se trouvait devant elle, pour garder longtemps les positions d'Ingolsheim et de Riedseltz. L'aide de camp avait ordre de revenir au plus vite, dès qu'on lui aurait communiqué les dispositions prises à l'égard de la 9ᵉ division.

Un officier d'ordonnance fut en même temps envoyé à l'avant-garde du XIᵉ corps. On tenait surtout à savoir jusqu'où elle pensait pousser sa droite, afin de se relier avec elle. Ce renseignement était indispensable, attendu que la division de cavalerie pouvait se trouver obligée d'opérer sa retraite sur cette avant-garde.

Ces instructions données, il était déjà 5 h. ; il n'y avait plus à songer à reprendre son repos interrompu. On fit seller les chevaux et le général de division se rendit sur la hauteur au sud d'Hunspach.

En route, il reçut successivement les rapports de ses brigades : la brigade de dragons annonçait son arrivée sur sa place d'alarme, à l'angle nord-est d'Hunspach. Les deux autres faisaient connaître que les officiers envoyés en reconnaissance sur différents points avaient trouvé les vedettes de l'ennemi aux mêmes emplacements que la veille.

Lorsque le général arriva sur la hauteur, le brouillard qui couvrait les bas-fonds ne s'était pas encore dissipé, et l'horizon était fort restreint. On distinguait bien çà et là le profil de quelques cavaliers sur la crête d'Hermerswiller, mais au delà on n'apercevait même pas avec la lunette les avant-postes de l'adversaire.

Le général se demanda un instant s'il ne fallait pas immédiatement faire passer la brigade de dragons sur la rive gauche de l'Hausauerbach. Mais, comme la cavalerie de droite de l'ennemi pouvait fort bien s'avancer, sous la protection de son infanterie, entre Hermerswiller et Hoffen, il abandonna cette idée et préféra laisser les dragons où ils étaient, afin d'assurer la retraite des cuirassiers.

A 6 h. 1/2, on reçut un avis assez important de la brigade de grosse cavalerie. Cet avis était ainsi conçu :

1er avis du 2e escadron du 1er régiment de uhlans.

Lampertsloch, le 2 août 1870. 5 h. 25 m. du matin.

Deux colonnes de cavalerie viennent de franchir la crête des hauteurs à l'est de Wœrth ; l'une, composée de plusieurs escadrons de dragons, marche sur Mitschdorf ; l'autre, forte de deux escadrons de lanciers, se dirige sur Preuschdorf par la grande route. L'escadron de uhlans du Vᵉ corps s'est porté sur la route de Wissembourg à Wœrth et se retirera progressivement sur Wissembourg, s'il se voit trop pressé par l'ennemi. Mon escadron se repliera de même dans la direction de Memelshoffen.

Le capitaine X.

La brigade avait ajouté en post-scriptum qu'elle avait reçu cette dépêche à 6 h. 1/4 et que, d'après d'autres renseignements venus de ses patrouilles, la tête de colonne des lanciers était sur le point d'atteindre Oberkutzenhausen.

Au moment où l'on recevait cette dépêche (6 h. 1/2), on avait aperçu un certain mouvement se produire dans le 3e escadron de uhlans placé au pont du chemin de fer, au pied même de la hauteur d'Hunspach. Un instant après, l'escadron de cuirassiers d'Hermerswiller repassait le ruisseau des Sept-Fontaines et rejoignait le gros de sa brigade à Schœnenbourg. Deux officiers furent aussitôt envoyés dans ces deux directions. Celui qui était allé à l'escadron de uhlans revint au bout d'un instant, annonçant l'approche de grosses masses de cavalerie venant de Kuhlendorf. Le brouillard s'étant dissipé sur ces entrefaites, on pouvait déjà les voir à la lunette descendre les pentes entre Leiterswiller et Hohwiller. On distinguait nettement trois masses, dont la plus avancée se profilait en noir sur l'horizon et se dirigeait sur Hoffen. Les deux autres suivaient en arrière à l'aile gauche, l'une à côté de l'autre ; à l'éclat des casques blancs, il était évident que c'étaient des cuirassiers. On pouvait donc conclure que toute la brigade, avec laquelle on avait eu à faire la veille, s'était remise en marche.

Une série de dépêches étant arrivées sur ces entrefaites, on laissa à l'aide de camp qui restait encore disponible le soin d'observer les masses que l'on avait aperçues, sans les perdre de vue.

6 h. 3/4. Les renseignements qui résultaient de ces dépêches pouvaient se résumer ainsi :

1° *Direction de Wœrth.*

Le 2ᵉ escadron du 1ᵉʳ uhlans s'était replié vers 6 h. sur le moulin de Lobsann, derrière le ruisseau de Frœschwiller.

Les dragons ennemis, dont on connaissait maintenant la force (un régiment), l'avaient suivi par Mitschdorf et Lampertsloch ; un de leurs escadrons se trouvait en face de lui. On espérait recevoir des renseignements sur la position du reste du régiment par les uhlans du Vᵉ corps, qui avaient laissé un peloton sur la route de Mitschdorf à Wissembourg ; le reste de leur escadron se trouvait à Lobsann, d'où il lançait ses patrouilles sur Lampertsloch.

Les lanciers, dont on estimait la force à plus d'un régiment, s'étaient avancés sur la route de Wœrth à Soultz et, après une halte assez courte, avaient atteint Kutzenhausen à 6 h. 1/4.

2° *Direction de Haguenau.*

A la même heure (6 h.), un escadron de hussards, suivi par un bataillon et une batterie, était en marche sur la route de Haguenau à Soultz et avait déjà dépassé le défilé du Graswald.

En outre, une grosse colonne d'infanterie

venant de Reimerswiller s'avançait par le ravin d'Hohwiller et débouchait déjà du village.

On apprenait en même temps qu'en présence de ce mouvement de l'adversaire, la brigade de grosse cavalerie avait relevé ses avant-postes et allait se retirer par la route jusqu'à hauteur d'Hunspach, l'escadron de droite (2° de uhlans) se dirigeant sur Keffenach, et celui de gauche (3° du même régiment) sur Hunspach.

On voyait déjà cette brigade s'ébranler au pas sur la route; le 3° escadron de uhlans s'était approché du point d'observation du général de division et s'était remis face en tête à sa hauteur; le peloton placé au pont du chemin de fer était resté en position.

Quant à la masse de cavalerie qui venait de Kuhlendorf, elle avait disparu derrière les hauteurs d'Hermerswiller. D'après les renseignements des patrouilles et à en juger par le mouvement du régiment de chasseurs qui se trouvait à l'aile droite, elle avait dû prendre la direction d'Hermerswiller. On pouvait encore voir ce régiment aux abords d'Hoffen.

Le général fit, en conséquence, porter l'ordre à la brigade de dragons d'envoyer deux escadrons à Hunspach, pour appuyer au besoin le 3° escadron de uhlans.

D'après tous les renseignements qu'on avait reçus et ce qu'on avait pu observer, il était certain que l'ennemi opérait un mouvement concentrique sur Soultz par Wœrth, Sourbourg,

Reimerswiller et Kuhlendorf. L'avis en fut envoyé à Wissembourg, pour être communiqué au V° corps et au grand quartier général. On en prévint en même temps l'avant-garde du XI° corps, en l'informant que la division se retirerait progressivement sur Wissembourg, suivant qu'elle serait plus ou moins pressée par l'adversaire. Dans cette situation, le général se félicita de n'avoir pas fait passer l'Hausauerbach à la brigade de dragons pour la porter sur la rive gauche. Si l'ennemi restait, en effet, sur la rive droite, comme tout le faisait supposer jusqu'alors, il était probable qu'en raison de la nature du terrain, sa cavalerie ne pourrait y opérer en masse, et, s'il voulait exécuter un mouvement tournant en présence de nos deux brigades, il serait obligé d'étendre son mouvement assez loin et de remonter à l'ouest du bois de Schœnenbourg. Mais la brigade de grosse cavalerie n'aurait pas suffi pour lui tenir tête, puisque nous savions déjà que chacune des deux brigades opposées comptait trois régiments ; l'adversaire réuni avait donc trois fois plus de forces qu'elle.

D'un autre côté, si le désir naturel de ne pas céder volontairement le terrain paraissait juste, la situation n'était pas sans danger. Le terrain ne se prêtait pas, il est vrai, à l'action en masse de grands corps de cavalerie, mais l'on ne devait pas perdre de vue que l'on ne pouvait opérer sa retraite que par le défilé d'Ingolsheim, qui ne se trouvait qu'à une lieue derrière soi. On ne pouvait le passer avec de grandes masses qu'à la condition de

ne pas être pressé par l'ennemi, car les deux brigades et la batterie ne pourraient guère se retirer
qu'en une seule colonne et le gros de cette colonne
aurait plus de 2,400 mètres de longueur, c'est à dire
que, quand la tête serait près d'Ingolsheim, la
queue se trouverait encore à la tuilerie de Schœnenbourg.

Il est certain qu'en se maintenant longtemps
dans la position qu'on occupait en ce moment, on
se ménageait la faculté de pouvoir diriger la brigade de hussards par Aschbach et Leiterswiller
sur le flanc et les derrières de l'adversaire, ce qui
produirait non seulement de l'hésitation dans ses
mouvements, mais permettrait encore de s'assurer
si derrière les forces qu'on avait constatées la
veille il débouchait de nouvelles troupes de la
forêt de Haguenau. Mais l'on se privait ainsi du
concours de la brigade de hussards au moment
où le combat qui se préparait réclamait la réunion
de toutes les forces, et on l'exposait à rester isolée
en présence des nouveaux corps de troupes qui
pouvaient venir de Haguenau. Il était désirable,
sans doute, de gagner des vues sur les derrières
de l'ennemi qu'on avait devant soi, mais il valait
beaucoup mieux en laisser le soin à de simples
patrouilles, sans exposer le tout à un danger, en
y consacrant toute une brigade.

Le général se décida, en conséquence, à retirer
dès maintenant les deux brigades en arrière du
défilé d'Ingolsheim, sauf à faire occuper les ponts
de l'Hausauerbach par un détachement de dra-

gons, pour couvrir le flanc droit des hussards.

Toutefois, ce projet ne fut pas mis à exécution. Il était déjà 7 h. Les derniers renseignements disaient que des lanciers avaient atteint Retsch-willer, et que les hauteurs de Soultz étaient couronnées d'infanterie. Du point d'observation du général, on distinguait clairement de l'infanterie à Hermerswiller, ainsi que de nombreux cavaliers et quelques pelotons isolés de cavalerie des deux côtés du village.

Sur ces entrefaites, l'attention fut attirée vers le sud-est par un feu violent d'artillerie et de mousqueterie.

On aperçut distinctement par dessus les toits de Leiterswiller, qui se trouve dans la vallée même, un grand nombre de pièces en batterie (deux batteries environ) sur le plateau qui descend de Rittershoffen vers la Seltz. Leurs obus allaient éclater à Oberroderen et battaient tout le terrain jusqu'à Aschbach. La nature de la fumée, qui s'élevait en différents points à la scierie de Leiterswiller, indiquait qu'il y avait là un combat de tirailleurs.

Tandis que les lunettes étaient braquées exclusivement sur ces deux points, on ne s'aperçut pas d'abord qu'il s'y passait encore autre chose de grave. Ce fut un des officiers d'ordonnance qui remarqua le premier qu'il y avait des colonnes à droite des batteries. En regardant de ce côté, on distingua non seulement une grande masse de cuirassiers arrêtée à environ 1,200 mètres au nord de Rittershoffen, mais encore une deuxième masse de cuirassiers qui longeait le plateau de Kuhlendorf et se dirigeait sur Leiterswiller.

Dans le premier moment, on ne savait comment expliquer la présence de ces cuirassiers. On était porté à croire qu'un régiment de cuirassiers seulement de la brigade contre laquelle on avait combattu la veille, et qu'on venait d'apercevoir encore à l'est d'Hohwiller, avait pris la direction d'Hermerswiller et que l'autre se trouvait, au contraire, encore à Leiterswiller et Rittershoffen, de sorte qu'on s'était trompé sur la force de la colonne qui s'approchait. Il était difficile, toutefois, de préciser en ce moment la force de ces masses ; mais plus on regardait, plus on pouvait se convaincre que chacune d'elles se composait au moins d'un régiment, probablement même d'une brigade. D'ailleurs, l'officier qui avait été chargé d'observer la cavalerie qui avait paru au sud d'Hoffen assurait de la manière la plus formelle que cette cavalerie marchait derrière la crête d'Hermerswiller. Il fallait donc bien admettre que l'adversaire avait aussi sous la main sa division de cavalerie de réserve (4 régiments de cuirassiers), ainsi que l'indiquait, du reste, l'ordre de bataille communiqué par le grand quartier général.

Dans cette situation, le général n'hésita pas un instant à revenir à son premier projet, de jeter la brigade de dragons sur l'autre rive de l'Hausauerbach. On était suffisamment renseigné sur les forces qu'on avait devant soi sur la rive droite ; en présence de l'infanterie de l'adversaire et de sa supériorité en cavalerie, les moyens dont on disposait ne suffisaient pas pour recueillir des renseignements plus complets, ou pour arrêter longtemps la marche de ces colonnes. Il s'agissait maintenant de se maintenir aussi longtemps et aussi en avant que possible sur la rive gauche pour tâcher de découvrir les nouvelles forces qui suivaient l'adversaire.

En conséquence, *la brigade de dragons* reçut l'ordre de passer en deux colonnes au moulin d'Hunspach et à la station du chemin de fer, en ayant soin d'occuper les ponts sur la rive gauche.

On en donna avis à la *brigade de grosse cavalerie*, en l'invitant à couvrir la marche des dragons et à replier ensuite son gros au delà du défilé d'Ingolsheim, mais sans perdre le contact.

7 h. 30 m. A 7 h. 1/4, ces ordres s'exécutaient. A 7 h. 30 m., la brigade de dragons se trouvait sur la rive gauche, où s'était rendu également le commandant de la division. La brigade de grosse cavalerie avait déjà commencé son mouvement de retraite.

Du côté de l'ennemi, on voyait une forte colonne de lanciers et une batterie descendre au grand trot, par la route de Soultz, sur le pont du ruisseau des Sept-Fontaines ; deux escadrons d'avant-garde avaient déjà dépassé Schœnenbourg. Le régiment de chasseurs était encore arrêté à Hoffen. La masse de cavalerie qu'on avait aperçue à Leiterswiller se mettait en mouvement à son tour. Quant à celle de Rittershoffen, elle était cachée par les hauteurs, mais son artillerie continuait toujours son feu.

De nouveaux renseignements étaient survenus sur ces entrefaites :

1° On avait appris par l'escadron du 1er régiment de uhlans, qui se trouvait sur la droite, que les patrouilles de cavalerie du Ve corps avaient été refoulées dans le Liebwald par de l'infanterie. L'escadron de uhlans de ce corps d'armée avait quitté sa position, à la vue de deux escadrons ennemis qui passaient le ruisseau de Lobsann au pont du moulin, et s'était replié par les bois sur Drachenbronn ;

2° Un rapport de la brigade de hussards, daté de la hauteur au sud d'Aschbach (7 h.), disait : « On aperçoit de grandes masses de cavalerie, environ trois à quatre régiments de cuirassiers, sur les hauteurs au nord de Rittershoffen ; deux batteries sont également en position et tirent sur la scierie et sur Oberroderen, dont nous occupons les ponts avec notre avant-garde. On voit aussi de l'infanterie à Leiterswiller, mais pour le moment elle ne paraît pas bien nombreuse. »

On envoya aussitôt l'ordre à la brigade de hussards de faire tous ses efforts pour empêcher l'ennemi de franchir la ligne qui s'étend de la scierie à Buhl; on l'informa en même temps que la brigade de dragons arrivait sur la rive gauche de l'Hausauerbach pour l'appuyer.

Le commandant de la division s'était rendu de sa personne sur la hauteur 179, en face du moulin d'Hunspach; la brigade de dragons prit position entre cette hauteur et la hauteur 184.

Arrivé à son point d'observation, le général aperçut, à l'ouest d'Aschbach, la brigade de hussards qui se portait au trot dans la direction de l'ennemi; il vit en même temps une forte colonne de cavalerie qui suivait la vallée de la Seltz en longeant le pied des hauteurs d'Hermerswiller et se dirigeait sur Hoffen.

On reçut au même moment une dépêche de la brigade annonçant que des troupes d'infanterie s'étaient emparées de la scierie et du moulin de Finkenmühl, ainsi que d'Oberroderen, et que de fortes masses de cavalerie passaient à ces différents points, sous la protection de deux batteries.

Le commandant de la division ordonna aussitôt à la brigade de dragons, qui avait laissé un escadron aux deux points où elle avait passé l'Hausauerbach et n'en comptait plus que sept, de partir au trot pour aller soutenir les hussards (7 h. 33 m.).

Mais ceux-ci, ayant arrêté tout à coup leur mouvement pour se replier en arrière d'Aschbach, on envoya aussitôt un contre-ordre aux dragons. Un instant après, un officier de hussards arriva avec les renseignements suivants :

« Deux régiments de cuirassiers ennemis ont passé l'Engelbach à Buhl, pendant que de fortes masses de cavalerie se formaient déjà sur la rive

2

gauche, à Oberroderen et à la scierie. Le général de brigade D. évalue la force totale de la cavalerie qu'il a devant lui à six ou huit régiments
avec trois batteries. »

Dans cet état de choses, on ne pouvait plus
songer à repousser l'ennemi au delà de l'Engelbach avec les quatorze escadrons dont on disposait. Le général crut donc nécessaire de réunir
d'abord les forces qu'il avait là sous la main et
de chercher une position assez avantageuse pour
compenser le désavantage du nombre.

En conséquence, il ordonna à la brigade de hussards de se replier lentement, et sans perdre le
contact, dans la direction d'Oberseebach jusqu'à
hauteur des dragons (7 h. 35 m.).

On vit au même moment la brigade de grosse
cavalerie qui opérait sa retraite à travers Ingolsheim. Un escadron de uhlans (le 3ᵉ) avait traversé
le Schempenbach au pont du chemin de fer et
se tenait de l'autre côté, occupant le pont avec
des tirailleurs à pied. A Hunspach et à Oberhof,
on apercevait encore des patrouilles de uhlans en
face des patrouilles de cavalerie de l'adversaire.
Un gros détachement ennemi paraissait avoir pris
position à Schœnenbourg.

8 h. En exécution de l'ordre donné, la brigade
de hussards (7 escadrons) était arrivée à Oberseebach et s'était placée à l'ouest, dans deux petits
vallons qui débouchent à l'entrée et au centre
du village; la batterie s'était portée, sous l'escorte
d'un escadron, à environ 400 mètres en avant sur

les hauteurs, près du chemin de Niederseebach, et s'était mise en batterie. On était complétement coupé du 4ᵉ escadron du 2ᵉ hussards, qui se trouvait à Niederroderen et devait se retirer par Tombach. Les deux régiments de dragons se tenaient à droite et en avant de la brigade de hussards, derrière les hauteurs 179 et 184 ; le général de division était sur la hauteur 179.

Sur la rive droite de l'Hausauerbach, la brigade de grosse cavalerie s'était formée de l'autre côté du ruisseau d'Ingolsheim ; sa batterie était en position sur la hauteur au nord du village.

Du côté de l'ennemi, la brigade de cuirassiers qui avait passé à Buhl était arrivée sur la hauteur au sud-est de Niederseebach ; une batterie qui l'accompagnait prit position sur cette hauteur et ouvrit son feu sur la 3ᵉ batterie à cheval. Deux autres batteries étaient entrées en action au nord et au nord-ouest d'Aschbach (176 et 178) ; on apercevait de grandes masses de cavalerie en mouvement au sud du village ; de gros nuages de poussière s'élevaient en même temps sur différents points ; il était donc supposable que l'ennemi se préparait à poursuivre son offensive, et l'on pouvait s'attendre à le voir déboucher d'un instant à l'autre. La distance et la nature du terrain ne permirent pas d'en apprendre davantage : un escadron de chasseurs seulement longeait le bord du plateau et s'approchait du point où se tenait le général.

Sur l'autre rive de l'Hausauerbach, deux escadrons de lanciers environ étaient arrivés aux environs d'Hunspach ; une grosse masse de cavalerie, lanciers aussi, avait suivi la route et pris position à Oberhof ; la batterie qui l'accompagnait s'était portée en avant et tirait sur la batterie d'Ingolsheim. Plus loin, on apercevait une masse d'infanterie sur le plateau de Schœnenbourg. Quant au régiment de dragons, on ne savait ce qu'il était devenu pour le moment.

Le point d'observation choisi par le général avait permis de distinguer suffisamment les mouvements des troupes ennemies qu'on avait immédiatement devant soi. Il était avéré que sept régiments de cavalerie et trois batteries s'avançaient par la rive gauche de l'Hausauerbach (c'étaient quatre régiments de cuirassiers de la division de réserve, puis la brigade de cuirassiers et le régiment de chasseurs de la division de cavalerie du 1er corps d'armée, qui étaient venus d'Hermerswiller et avaient passé au Finkenmuhl).

Sur l'autre rive, au contraire, se trouvaient trois autres régiments de la division de cavalerie du 1er corps d'armée. On ne pouvait encore savoir quelles étaient les troupes d'infanterie de ce corps d'armée qui avaient marché avec eux, venant de Wœrth, par conséquent. En tout cas, il était à peu près hors de doute que la brigade d'infanterie, qui était arrivée la veille à Sourbourg et à Reimerswiller, suivait encore aujourd'hui immédiatement le mouvement de la cavalerie.

Le général de division ne pouvait donc plus

espérer se maintenir encore longtemps sur les deux rives de l'Hausauerbach ; l'ensemble de la situation exigeait cependant impérieusement que l'on n'abandonnât pas le terrain au sud de la Lauter. En présence de la grande supériorité de la cavalerie opposée, il n'y avait quelque chance de lui tenir tête qu'à la condition de réunir ses forces et de trouver un terrain assez favorable pour n'avoir rien à craindre sur ses flancs ou ses derrières. Mais on ne pouvait opérer cette concentration que plus en arrière et seulement aux environs de Riedseltz-Oberdorf.

Là le terrain découvert se rétrécit considérablement. Si l'on occupait avec des hommes à pied le pont de la Seltz, Riedseltz et le bois qui longe le chemin de Gutleithof à Schleithal, et qu'on prît position plus en arrière, on pouvait espérer se maintenir encore au sud de la Lauter, au moins tant qu'on n'aurait affaire qu'avec la cavalerie de l'adversaire.

Dès 8 h. 5 m., la brigade de grosse cavalerie recevait donc déjà l'ordre de se retirer en arrière de Riedseltz.

Le général attendit qu'elle eût prononcé son mouvement, avant de replier les deux brigades légères ; mais il était déjà 8 h. 12 m., et elle ne bougeait pas encore de son poste d'Ingolsheim. En présence des mouvements déjà dessinés de l'adversaire, il n'était plus possible de laisser longtemps les régiments légers en position. On envoya, en conséquence, à la brigade de hussards

l'ordre de contourner Oberseebach et de prendre
position au nord-est du village, à cheval sur la
route de Fort-Louis, afin de parer à un mouvement tournant des cuirassiers de ce côté. La brigade de dragons devait, de son côté, se replier en
longeant un chemin vicinal, derrière la hauteur
(190) située à environ 2,500 mètres en arrière.

A 8 h. 14 m., les dragons commencèrent leur
mouvement ; trois minutes plus tard, les hussards
s'ébranlaient à leur tour.

A 8 h. 25 m., les deux brigades avaient gagné
leurs emplacements, et l'on put enfin apercevoir
la brigade de grosse cavalerie qui se mettait seulement en marche.

A la même heure, on apprit encore que le
4ᵉ escadron du 2ᵉ hussards, qui était détaché à
Niederroderen, avait rejoint sa brigade. Cet escadron avait dû se frayer un chemin les armes
à la main pour opérer sa retraite, et avait été assez
heureux pour surprendre et disperser aux environs
de Tombach un escadron de cuirassiers déjà sur
sa ligne de retraite. Il avait rejoint ensuite la
division sans accident en faisant un détour par
Siegen et Frohnackerhof.

Pendant ce mouvement général de retraite,
l'ennemi avait, de son côté, gagné du terrain.
De Niederseebach, les cuirassiers étaient arrivés
jusqu'à la route de Fort-Louis et s'avançaient de
chaque côté de la route. Leur batterie était
en position à l'est entre la route et la hauteur 177, échangeant son feu avec la 3ᵉ batterie

à cheval qui s'était mise en batterie à 2,000 mètres de là, au bord du chemin d'Oberseebach à Frohnackerhof.

Les masses de cuirassiers qu'on avait observées à Aschbach avaient débouché du village au grand trot et s'étaient avancées (8 h. 25 m.) jusqu'aux hauteurs 179 et 184, où se trouvait auparavant la brigade de dragons. Leurs deux batteries, soutenues par quelques escadrons de cuirassiers, étaient en position à l'est de la hauteur 184; on apercevait sur la hauteur un groupe de cavaliers qui semblait indiquer la présence d'un état-major; un peu plus loin, un peloton de chasseurs se tenait sur la hauteur 179.

Sur l'autre rive de l'Hausauerbach, les lanciers s'étaient approchés d'Ingolsheim, mais on avait perdu de vue l'infanterie de l'adversaire.

En ce moment, la 1ʳᵉ batterie à cheval du 5ᵉ régiment arriva à Riedseltz-Oberdorf et vint fort à propos donner à la division un concours qui ne pouvait qu'être fort apprécié. Dans l'intention où il était de continuer son mouvement de retraite, le général fit porter cette batterie sur la hauteur au nord-est de Riedseltz-Oberdorf pour appuyer la retraite de la cavalerie légère.

A 8 h. 30 m., celle-ci reçut l'ordre de commencer le mouvement. La brigade de hussards devait se retirer lentement en longeant la route de Fort-Louis et se remettre face en tête à l'est de la route à hauteur de la 1ʳᵉ batterie à cheval. Elle devait en même temps faire occuper par un escadron à pied la pointe sud-est du bois qui borde le chemin de Gutleithof à Schleithal.

Les régiments de dragons devaient longer le chemin près duquel ils se trouvaient, derrière la hauteur 190, et se replier en arrière de la hauteur 185 ; ils avaient l'ordre de faire occuper Riedseltz-Oberdorf et le pont de la Seltz par deux escadrons à pied.

Les deux brigades devaient faire observer sans interruption les mouvements de l'ennemi par des officiers. Le général de division, de son côté, après avoir laissé en observation un de ses aides de camp avec trois ordonnances, et s'être assuré que ses ordres étaient en pleine exécution, quitta à son tour la hauteur 190 et suivit la brigade de dragons par le chemin dont nous avons déjà parlé.

En route, il fut enfin rejoint par l'aide de camp qu'il avait envoyé dès le matin à Wissembourg. Cet officier avait attendu l'arrivée du commandant de la 9ᵉ division d'infanterie jusqu'à 8 h. du matin. Les nouvelles qu'il apporta changèrent singulièrement la situation assez critique de la division de cavalerie. Le gros de la 17ᵉ brigade était arrivé avec deux batteries à Wissembourg et allait occuper avec des détachements les débouchés de la montagne, la ville de Wissembourg, ainsi que les ponts d'Altenstadt et de Saint-Remy ; le reste des troupes, c'est à dire, 4 bataillons, 3 batteries et 3 escadrons, devaient gagner le Geisberg et occuper le pont de Riedseltz.

Le reste de la division était encore en marche

et allait arriver avec sa tête de colonne vers
10 h. 1/2 à Wissembourg. On avait donné l'ordre
aux batteries qui se trouvaient en arrière de presser leur marche.

Nous ajouterons que déjà, depuis environ une
demi-heure, la division de cavalerie avait prescrit
à ses trains et à ses convois de quitter la rive
gauche de la Lauter pour se porter deux lieues
plus en arrière sur la route de Landau.

Les brigades légères purent opérer leur retraite
au pas, sans être pressées par l'adversaire; vers
9 h., elles avaient atteint les emplacements qui
leur avaient été assignés au nord et au nord-est de
la hauteur 185 et avaient pris position de chaque
côté de la route. On voyait déjà des troupes d'infanterie de la 17e brigade descendre la hauteur de
Schafbusch par la grande route et s'approcher du
pont de Riedseltz.

La brigade de grosse cavalerie était repliée
depuis près d'une demi-heure derrière le ruisseau
de Riedseltz.

La division de cavalerie pouvait donc encore
songer à s'opposer, les armes à la main, à un mouvement offensif de l'adversaire; le général résolut dès lors de la concentrer tout entière pour le
combat qui allait s'engager.

Il envoya, en conséquence, à la brigade de
grosse cavalerie l'ordre de rejoindre rapidement
le gros de la division, aussitôt que le défilé de
Riedseltz serait occupé par l'infanterie. A 9 h.
15 m., le mouvement était déjà exécuté. Le

commandant de la brigade rendit compte que sa
brigade était prête et informa le général que des
uhlans du V⁰ corps couvraient le flanc droit, que
le régiment de dragons ennemis avait presque
toujours circulé entre la chaussée et la route de
Wœrth à Wissembourg, sur laquelle il avait
laissé un escadron, et qu'enfin il avait rejoint la
brigade de lanciers qui était encore arrêtée à
Ingolsheim. Il ajouta, d'ailleurs, qu'on n'avait
aperçu que trois escadrons de dragons en tout, et
que, quant à l'escadron de hussards signalé le
matin venant de Sourbourg, l'on n'en avait plus
rien vu. Quant à l'ambulance qui avait passé la
nuit à Ingolsheim, le général B. l'avait dirigée
sur Gutleithof. Sous la pression des événements,
l'état-major de la division avait complétement
négligé de prendre aucune mesure à son égard,
ce qui était d'autant plus regrettable que les 1ᵉʳ et
2ᵉ escadrons du 1ᵉʳ hussards avaient eu un vif
combat à soutenir avec de l'infanterie sur l'Engelbach et avaient beaucoup souffert.

La brigade de grosse cavalerie avait été placée
derrière la cavalerie légère. L'ennemi s'étant
arrêté sur ces entrefaites des deux côtés d'Oberseebach à plus de 3,000 mètres de nos positions, on
fit mettre pied à terre aux brigades; deux escadrons de hussards et de dragons se portèrent en
avant pour les couvrir et observer l'adversaire avec
leurs patrouilles. Toutes les batteries à cheval,
réunies sous le commandement du commandant
L., étaient en position à l'est de la hauteur 185.

On ne voyait pas l'artillerie ennemie et le canon
s'était tu sur toute la ligne.

Telle était la situation à 9 h. 1/2, on n'avait
aucune nouvelle du XIᵉ corps, mais d'un autre
côté, le commandant de la 9ᵉ division d'infanterie
était venu trouver le général de division.

On prépara un télégramme dans lequel on ren-
dait compte de la situation et de la marche de la
division de cavalerie de réserve et on le fit parvenir à Wissembourg pour être transmis ensuite au
grand quartier général.

OBSERVATIONS.

En présence de la supériorité sans cesse crois-
sante de l'ennemi, la 1ʳᵉ division de cavalerie se
vit obligée de renoncer à toute initiative et de
régler ses mouvements sur ceux de l'adversaire.

Il semble à première vue que la conduite de la
division, tant dans les dispositions prises que dans
leur exécution, est exempte de blâme et qu'elle
a répondu aux diverses exigences de la situation.

A en juger par le résultat, cette opinion pourrait paraître assez fondée; car, quoique l'adversaire eût commencé son mouvement dès 5 h. du
matin, à 9 h. 30 m., la division n'avait encore
rétrogradé que d'une lieue et n'avait pas subi le
moindre échec.

Ce résultat, on l'avait obtenu sous les yeux
même de l'ennemi; il est vrai que les brigades
avaient toujours été prêtes au combat, qu'elles

avaient fait front à tous les points importants et enfin qu'elles n'avaient jamais abandonné le terrain qu'autant que la supériorité de l'adversaire l'exigeait impérieusement.

Toutefois, il ne faut pas perdre de vue que la cavalerie de l'armée du sud suivait assez lentement.

Quoi qu'il en soit, il y a lieu de se montrer satisfait du résultat dans les circonstances particulières où l'on se trouvait. *Cependant, si l'on veut examiner plus attentivement les opérations de la division, on sera obligé de reconnaître ou qu'elle s'est placée dès le commencement de la journée dans une situation fâcheuse ou qu'elle a commis des fautes graves dans les dispositions prises pour s'en dégager.*

Il faut avouer, il est vrai, que lorsque l'on est forcé de régler ses mouvements sur ceux de l'adversaire, toutes vos intentions, toutes vos dispositions varient aussi suivant les circonstances diverses qui se présentent et qu'elles en prennent pour ainsi dire la couleur, la nuance.

Mais, si l'on tombe dans une situation telle que vos intentions se modifient sans cesse et que les dispositions prises n'arrivent presque jamais à s'exécuter, ce ne sera que par l'effet du hasard qu'on pourra s'en tirer heureusement.

C'était précisément le cas ici!

Au début, le commandant de la division veut attendre tranquillement que l'ennemi dessine ses projets, pour décider s'il laissera alors sa réserve, la brigade de dragons, sur la rive droite de l'Hausauerbach ou s'il la portera sur la rive gauche.

Mais, lorsque vers 6 ou 7 h. on voit l'adversaire déboucher à la fois de Wœrth, de Sourbourg et de Reimerswiller, le général A. ne tarde pas à comprendre qu'il ne peut plus raisonnablement rester en avant du défilé d'Ingolsheim ; il se décide alors à replier ses trois brigades en arrière.

Il renonce bientôt à son projet, dès qu'il reconnaît à l'aile droite de l'ennemi l'arrivée de la cavalerie de réserve et le danger qui va en résulter.

Il croit alors nécessaire de porter les dragons sur la rive gauche et de faire rétrograder la grosse cavalerie en arrière d'Ingolsheim.

Quant à la brigade de hussards, on lui prescrit d'empêcher, dans la limite de ses forces, l'ennemi de dépasser la ligne qui s'étend de la scierie à Buhl.

Mais on ne tarde pas à s'apercevoir qu'elle ne peut suffire à cette mission.

Les dragons arrivés sur la rive gauche doivent dès lors aller appuyer les hussards. Mais on abandonne encore ce projet, même avant son exécution, parce que les hussards sont déjà forcés à la retraite (7 h. 33 m.).

On doit donc se résoudre à replier ceux-ci jusqu'à Oberseebach. A peine ont-ils pris leur emplacement (8 h.), qu'on se voit déjà forcé de renoncer à l'idée de tenir tête à l'adversaire entre Oberseebach et l'Hausauerbach, parce qu'on est menacé d'être tourné sur la gauche.

Il devient évident qu'on ne peut plus se maintenir sur les deux rives de l'Hausauerbach, et peu

après, 8 h., le général donne ses ordres pour
concentrer sa division en arrière. Enfin, à 9 h. le
mouvement est exécuté.

Pendant tout ce temps, on ne songe plus à se
replier sur le XI° corps, malgré l'importance
qu'on y attachait auparavant; le cours des événements nous avait tout naturellement dicté notre
ligne de retraite.

On peut donc conclure avec raison de cet examen détaillé que *c'est au hasard seul que l'on doit
d'avoir atteint sans danger les environs de Riedseltz-Oberdorf.*

Le hasard voulut qu'il ne se produisît aucun
malentendu, qu'aucun mouvement ne fût précipité, qu'on ne prît enfin aucune mesure arbitraire,
toutes choses qui parfois peuvent être parfaitement
motivées; il voulut qu'on apprît toujours assez
tôt les mouvements de l'ennemi pour changer à
temps des dispositions dont l'exécution pouvait
être fatale. Mais la chose principale, c'est à dire
la lenteur, la mollesse des mouvements de l'adversaire, résultaient de circonstances indépendantes
de notre volonté. Quant aux fautes à lui imputer
alors ou quant à savoir si sa conduite ne lui a pas
été imposée par les circonstances, nous le saurons
plus tard par l'exposé de sa situation en ce
moment.

Pour ne laisser aucun doute dans les esprits
sur le danger auquel s'exposait la 1ʳᵉ division de
cavalerie, en agissant comme elle le fit, nous
allons prendre une des situations particulières où

elle se trouva dans cette journée et examiner quelles pouvaient en être les conséquences.

Considérons, à cet effet, la situation telle qu'elle se présenta à 8 h. du matin. A ce moment, la brigade de hussards était arrivée à l'ouest et au sud-ouest d'Oberseebach, la brigade de dragons se trouvait en avant sur la droite, derrière les hauteurs 184 et 179, appuyant sa droite au bord même de la vallée. De l'autre côté de la rivière, la brigade de grosse cavalerie tenait le défilé d'Ingolsheim.

En face de ces positions, l'ennemi avait une brigade de cuirassiers sur les hauteurs au sud-est de Niederseebach, et cinq autres régiments au sud d'Aschbach. Si ces masses prenaient l'offensive à 8 h., les quatre régiments légers de la 1re division de cavalerie se voyaient forcés de se retirer en toute hâte en présence de la supériorité de l'adversaire et du danger d'être tournés par leur gauche. Si l'ennemi, poursuivant son mouvement, *ne rencontrait aucune résistance,* il pouvait en une demi-heure, c'est à dire à 8 h. 30 m., arriver jusqu'à hauteur de la ferme de Geitershof et de la station de Riedseltz-Oberdorf, et même avoir déjà sa droite à 1,500 mètres plus loin.

On ne peut nier que les brigades légères ne pussent opérer leur retraite en toute sécurité. Mais en était-il de même de la brigade de grosse cavalerie?

Supposons que le général A., sous le coup d'une attaque imminente, envoie un peu après 8 h. un aide de camp à cette brigade pour lui donner l'ordre de se retirer derrière le défilé de Riedseltz et que cet officier parte à 8 h. 5 m. Comme on avait déjà signalé la présence de lanciers à Hunspach, il ne pouvait gagner l'autre rive que par le pont au sud de la station de Riedseltz-Oberdorf. Vu les difficultés du terrain et la nécessité de descendre et de remonter les berges de la vallée, il lui fallait au moins 19 minutes pour parcourir les 6,000 mètres qu'il avait à faire pour arriver à la hauteur 196 au nord d'Ingolsheim, en supposant que le général B. arrivât aussitôt sur les hauteurs, et il ne pourrait remplir sa mission qu'à 8 h. 24 m.

En admettant que le régiment de cuirassiers commençât son mouvement une minute après, ce régiment, qui devait évidemment se trouver un peu à l'est de la hauteur 196, pouvait arriver au trot avec sa tête de colonne au pont du Seltzbach environ sept minutes plus tard, c'est à dire, à 8 h. 32 m.

Si on laisse de côté les deux escadrons de uhlans qui étaient détachés sur les flancs et se retiraient isolément, et qu'on ajoute au régiment de cuirassiers la batterie et les deux escadrons de uhlans qui avaient occupé Ingolsheim, la colonne en retraite occupera près de 1400 mètres sur la route. En marchant au trot, la queue ne pouvait donc atteindre le défilé qu'à 8 h. 38 m.

Quoique nous nous soyons montré beaucoup plus large dans ces calculs que cela n'arrivera dans la réalité, on n'en est pas moins amené à conclure que les *deux brigades légères doivent attaquer sur la rive gauche de l'Hausauerbach, sans s'inquiéter de la supériorité de la cavalerie opposée, afin de permettre à la brigade de grosse cavalerie d'exécuter sa retraite.*

Le résultat ne serait nullement modifié dans son ensemble, si la brigade de grosse cavalerie opérait son mouvement au galop. *Remarquons, en passant, que rien n'est plus dangereux pour la cavalerie que d'exécuter une retraite aux allures vives; quand les circonstances le permettent, cette arme doit toujours se retirer au pas.* Si, au contraire, elle prend le galop, surtout lorsqu'elle est en colonne de route, et si le malheur veut que quelques obus éclatent au milieu d'elle, sa retraite ne se fera que dans le plus grand désordre et souvent même dégénérera en une fuite complète.

On pourrait toutefois objecter aux considérations que nous avons développées, qu'il n'est pas rationnel de supposer que les deux brigades légères auraient opéré une retraite continue en présence de la marche de l'ennemi, et qu'en donnant d'avance les instructions nécessaires à la brigade de grosse cavalerie, celle-ci aurait pu entamer plus tôt sa retraite.

Ces deux objections peuvent paraître assez fondées; il est difficile toutefois de les admettre dans les circonstances actuelles.

Il est certain que souvent on pourra retarder et entraver, même sans combattre, la marche d'un ennemi supérieur en nombre. Il en sera ainsi,

5

par exemple, en supposant la même habileté chez les deux adversaires, quand la supériorité ne sera pas trop considérable ou quand on trouvera un terrain qui vous permette de compenser votre infériorité numérique, surtout s'il vous met à l'abri de tout mouvement de nature à menacer vos flancs ou vos derrières.

Mais ici, ces conditions n'existent pas. La supériorité de sept régiments et de trois batteries est beaucoup trop grande, en face de quatre régiments et d'une batterie. Le terrain permet d'ailleurs à la cavalerie de l'armée du sud de s'avancer sur un grand front et d'avoir la supériorité sur le champ de bataille, *tout en pouvant consacrer des forces considérables à des mouvements sur les ailes ou les derrières de l'adversaire*. En pareille circonstance, il est impossible de se maintenir longtemps. On est en quelque sorte *transporté en arrière*, et l'on ne peut s'arrêter que si l'adversaire s'arrête lui-même, ou si l'on rencontre un terrain favorable, ou enfin s'il vous arrive des renforts.

Quant à prétendre qu'on pouvait donner d'avance les instructions nécessaires à la brigade de grosse cavalerie, et lui permettre ainsi de se retirer à temps, la chose était assez difficile. On ne donne, en général, des instructions à une troupe que quand on suppose que l'on n'aura pas le temps de lui communiquer directement ses ordres au moment voulu. Cela est donc tout au plus admissible, quand elle se trouve encore sous nos yeux.

Si l'on voulait, d'ailleurs, donner des instructions de cette nature au commandant de la brigade de grosse cavalerie, on ne pouvait que lui dire simplement : « Vous évacuerez la position d'Ingolsheim et vous vous retirerez sur celle de Riedseltz, aussitôt que la brigade de dragons qui se trouve sur la rive gauche battra en retraite. » Mais une instruction de ce genre pouvait avoir des conséquences bien graves. Le général B. devait, en effet, se trouver de sa personne au nord d'Ingolsheim, à près de trois kilomètres de la brigade de dragons. La nature du terrain lui permettait difficilement de se renseigner suffisamment sur la position actuelle de cette brigade, et encore moins de l'apercevoir à tout instant.

Il était exposé à prendre pour un mouvement de retraite un simple changement de position de quelques escadrons. Ou bien, si le général de division, par exemple, était forcé par les mouvements de l'ennemi de porter la brigade de dragons au nord-est d'Oberseebach, le général devait infailliblement, du point où il se trouvait, prendre ce mouvement pour un mouvement de retraite et croire le moment venu d'abandonner sa position d'Ingolsheim.

De pareilles instructions ne s'emploient donc que lorsque la troupe à laquelle elles s'adressent peut voir complétement les mouvements de celle sur laquelle elle doit régler ses propres mouvements, c'est à dire, par exemple, à l'égard d'une deuxième ligne vis à vis d'une première.

Il résulte de ces considérations que la conduite

de la division de cavalerie dans les premières
heures de la journée n'est nullement à approuver, malgré le succès obtenu, et qu'elle aurait pu
lui coûter cher, si l'ennemi, de son côté, avait
opéré autrement.

*Il s'agit maintenant de préciser les fautes qui
ont été commises.*

Considérons d'abord les emplacements respectifs assignés dès le matin pour le rassemblement
des troupes, ainsi que leur position par rapport
à la ligne des avant-postes et à la position de
l'ennemi.

Les deux brigades, qui se trouvaient en première ligne à Schœnenbourg et à Aschbach,
avaient, à vol d'oiseau, leurs points de rassemblement à 5,600 mètres l'une de l'autre, et séparés
par la vallée de l'Hausauerbach ; elles ne pouvaient, du reste, se soutenir mutuellement que
par des détours. Les régiments de dragons, qui
formaient la réserve, étaient à Hunspach, à environ 2,000 mètres de la brigade de grosse cavalerie et à près de 5,000 mètres de la brigade de
hussards.

Les vedettes les plus rapprochées se trouvaient
à 2,000 mètres d'Hunspach et d'Aschbach, et
l'étendue de toute la ligne d'avant-postes, abstraction faite des escadrons détachés, était d'environ trois lieues.

Les avant-postes de l'ennemi avaient la même
étendue et n'étaient pas à plus de 2,000 mètres.

Il est donc évident que, si la brigade de dra-

gons pouvait, à la rigueur, appuyer la brigade
de grosse cavalerie, ni l'une ni l'autre n'étaient
en mesure de porter secours aux hussards en temps
opportun, pas plus que ceux-ci ne pouvaient les
soutenir de leur côté.

Il est vrai qu'au début on ne croyait avoir
devant soi que six régiments de cavalerie, et l'on
supposait que ceux-ci, séparés par un assez grand
espace, auraient besoin des premières heures de
la journée pour se réunir et se porter en avant.
Mais on perdit de vue le point le plus important :
On oublia *que l'on se trouvait devant les têtes de
colonne de toute une armée en marche !* L'on était
fixé, sans doute, depuis la veille, sur ce qui se
trouvait en première ligne, mais l'on ne pouvait
nullement prévoir sur quel point l'ennemi se con-
centrerait sur la longue ligne qu'il occupait et
avec quelles forces il s'avancerait le lendemain
matin.

Dans cette incertitude, le commandant de la
1re division de cavalerie devait avant tout se mettre
en mesure d'avoir toutes ses forces concentrées et
*rapprocher, par conséquent, les brigades, de ma-
nière qu'elles pussent s'appuyer immédiatement
entre elles, en dépit de tous les événements qui
pouvaient survenir.*

Mais un pareil résultat ne pouvait s'obtenir,
tant qu'on prétendrait se maintenir à la fois sur
les deux rives de l'Hausauerbach ; car alors on se
voyait toujours obligé de couvrir en même temps
et la route de Soultz à Wissembourg et tout le

terrain compris entre la rivière et la route de Fort-Louis, et forcé d'avoir, par conséquent, une brigade sur chaque rive, ce qui entraînait nécessairement une division des forces.

Il résulte de ces considérations qu'au lieu de choisir les emplacements de rendez-vous sur trois points isolés et fort éloignés l'un de l'autre, il eût été préférable de réunir toute la division aux environs de Riedseltz-Oberdorf. Il est évident que les avant-postes ne pourraient plus alors rester sur les hauteurs de Soultz et d'Aschbach, mais on les aurait remplacés par des avant-gardes d'un ou deux escadrons sur chacune des deux rives. On aurait continué d'observer l'ennemi sans interruption, comme nous l'avons déjà développé antérieurement.

Cet exposé vient encore à l'appui de l'opinion que nous avons déjà exprimée précédemment, c'est à dire que l'on aurait mieux fait, le 1er août, de prendre ses cantonnements plus loin de l'ennemi et, par suite, de ne pas laisser non plus les avant-postes aussi près de lui [1].

Nous nous résumerons en disant : la division de cavalerie doit rester concentrée, quand elle se retire devant un ennemi supérieur, et elle n'est pas

[1] Nous ne faisons allusion ici qu'à ce qui a été dit sur la position de la division dans la 2e partie, p. 188 à 200. Nous avons déjà montré dans ce passage comment il eût été préférable, en présence de la supériorité de l'ennemi, de resserrer davantage les cantonnements et de les établir plus en arrière. L'exposé des faits qui se sont passés dans les premières heures de la journée du 2 août en a démontré en détail la nécessité.

toujours en mesure de maintenir ses masses en contact immédiat avec l'adversaire.

Il faut être bien fixé sur la nature des mouvements à exécuter à portée ou en présence de l'ennemi. Il y a, à notre avis, une distinction bien nette à établir entre les manœuvres, telles qu'on les entend dans l'acception propre du mot, et les évolutions proprement dites. *En vue de l'ennemi,* il n'est généralement plus question de manœuvrer et l'on entre dans la période des évolutions, c'est à dire des mouvements qui permettent à tout moment de faire agir toutes les forces présentes dans une action commune contre l'adversaire. Ce sont les habitudes contractées pendant la paix, où dans les exercices on ne peut qu'indiquer les effets tactiques des différentes armes, qui vous entraînent à recourir à la manœuvre sous les yeux mêmes de l'ennemi. C'est une grande erreur d'apporter de pareilles idées à la guerre, et c'est précisément pour cela que nous avons essayé d'indiquer dans l'exposé des faits les dangers qui peuvent en résulter.

Tant qu'il ne s'agit que d'aller à la recherche de l'ennemi sur une grande étendue, tant qu'on peut, par conséquent, lancer des coureurs à une demi-journée ou à une journée de marche en avant, il est évident qu'une division de cavalerie peut déployer ses masses sur un certain front. Mais quand on s'est mis en contact avec l'adversaire et que la situation ne vous permet pas de remplir votre mission sans combattre, la sécurité

même de la division exige déjà une certaine concentration des forces. Mais plus on se rapproche
de l'ennemi, plus cette concentration doit être
intime, surtout si l'adversaire dispose d'une cavalerie supérieure. Malgré la rapidité inhérente à
ses mouvements, la cavalerie, une fois en présence
de l'adversaire, n'est plus en mesure d'exécuter
des manœuvres sur une grande échelle avec ses
masses séparées ; elle doit prévoir l'éventualité
d'un combat et tenir toutes ses troupes prêtes pour
une action en masse immédiate. Elle ne doit pas
cependant se dispenser d'éclairer le terrain qui se
trouve en dehors du rayon où elle peut être appelée
à entrer en ligne ; quelques escadrons suffisent.

Si l'on se retire et qu'on soit suivi par l'adversaire, on ne pourra ralentir sa marche qu'en l'ar-
rêtant avec l'artillerie et en lui montrant des
troupes déployées. Mais il faut pour cela bien
choisir son terrain. Pour peu que l'artillerie tarde
à se mettre en batterie, l'adversaire galopera tout
aussi vite que nous, car il n'y a pas là de feu
d'infanterie pour le tenir à distance, le forcer à
s'arrêter à quelque mille mètres de nous et permettre à nos corps en arrière d'opérer leur retraite
en toute sécurité et d'assurer celle de l'arrière-
garde. On ne pourra donc rester avec toutes ses
masses à proximité de l'ennemi que si le terrain
en arrière leur permet d'exécuter leur retraite,
sans être obligées de se former immédiatement
en colonnes de route. Même dans ce cas, il faut
toujours arrêter le gros de la division à une

grande distance de l'ennemi et l'on ne peut laisser dans son voisinage qu'une brigade ou un régiment avec de l'artillerie.

Dans des situations anormales, par exemple quand la cavalerie ennemie se compose d'éléments sans consistance, on pourra naturellement procéder différemment.

Nous avons vu, dans notre étude, comment la division s'est étendue quand elle s'est portée en avant, pour éclairer tout le pays entre les montagnes et le Rhin.

Grâce à sa supériorité numérique, elle parvint à refouler sur son infanterie la cavalerie de l'adversaire et à constater la position de ses têtes de colonnes.

Mais, dès que l'ennemi se présenta avec des forces considérables de toutes armes, la division ne put rester déployée sur un aussi grand front et fut obligée de le resserrer pour se concentrer.

Toutefois, à cet égard, la division ne prit qu'une demi-mesure et resta même, le 2 août au matin, dans un certain état de dissémination, qu'il faut signaler comme une faute grave.

Si elle s'était réunie de bonne heure sur la rive gauche de l'Hausauerbach, elle se serait peut-être sentie supérieure à l'adversaire ; en tout cas, elle aurait été en mesure de retarder sa marche avec succès, ce qui eût été d'un grand poids dans les circonstances où l'on se trouvait. Il aurait suffi de faire venir quelques compagnies de Wissembourg pour empêcher la cavalerie qui opérait sur la rive droite de dépasser Riedseltz. Et même quelques escadrons à pied pouvaient garder le défilé.

Il importe peu, du reste, qu'on ait pu arrêter ou non, de temps à autre, la cavalerie qui précédait les colonnes de l'adversaire; la marche de ces colonnes devait fatalement finir par mettre la 1re division de cavalerie dans l'impossibilité de remplir *une partie* de sa mission.

Ce moment était maintenant arrivé : *les mouvements de nos têtes de colonnes d'infanterie ne pouvaient plus être masqués par la cavalerie.*

La division de cavalerie entre dès lors dans une nouvelle phase de son rôle; elle a maintenant *à concourir au service d'avant-garde d'une armée avec les divisions d'infanterie qui précèdent les masses.*

Quant aux mouvements *de l'armée du sud*, le moment n'est pas encore venu de les détailler aussi complétement que le permettront plus tard la suite des opérations et les publications officielles.

Cependant, sans faire connaître l'ensemble de la situation, on peut déjà donner maintes indications sur les raisons qui ont motivé la conduite de cette armée dans la matinée du 2 août.

La division de cavalerie de réserve, qui comprenait deux brigades de cuirassiers de deux régiments chacune, ainsi que deux batteries à cheval, était arrivée, le 1er août dans l'après-midi, à l'aile droite de la division d'avant-garde et avait pris des quartiers à Rittershoffen, Hatten, ainsi qu'à Niederbetschdorf et Oberbetschdorf.

L'ordre du grand quartier général de l'armée du sud pour le 2 août portait ce qui suit concernant la cavalerie :

« Le général X. prendra le commandement de toute la cavalerie du 1er corps d'armée et de la division de réserve (à l'exclusion du régiment de hussards détaché). Le général X. se fera rejoindre par la brigade de cavalerie qui est arrivée aujourd'hui à Wœrth ; il prendra ensuite l'offensive et repoussera la cavalerie ennemie sur l'avant-garde de son armée, dont il faudra constater la position le plus tôt possible... »

En exécution de cet ordre, le général X. avait prescrit aux trois régiments de cavalerie qui se trouvaient à Wœrth (deux de lanciers et un de dragons avec une batterie à cheval) de partir à 5 h. du matin pour marcher sur Soultz par la grande route en se couvrant avec soin sur leur gauche.

Les deux régiments de cuirassiers et le régiment de chasseurs, qui se trouvaient à Kuhlendorf et Reimerswiller avec une batterie, reçurent l'ordre de se réunir à Kuhlendorf, prêts à se porter en avant.

La division de cavalerie de réserve devait être rassemblée à la même heure au sud de Rittershoffen.

Comme le général savait que son adversaire ne disposait que de six régiments et que ces régi-

ments étaient partagés sur les deux rives de
l'Hausauerbach, il résolut d'attendre d'abord que
les régiments qui venaient de Wœrth se fussent
assez rapprochés de lui pour être assuré de leur
réunion. Les six régiments de cavalerie du
1er corps d'armée se porteraient alors de Soultz
sur Wissembourg par la rive droite de l'Hausauerbach pour refouler les quatre régiments de cavalerie qui s'y étaient montrés la veille.

En même temps, la division de réserve devait
passer l'Engelbach et, après avoir repoussé les
hussards ennemis qui s'y trouvaient, prendre également la direction de Wissembourg.

En exécution de ces ordres, la division de
cavalerie du 1er corps d'armée fut réunie à 6 h.
45 m. Les avant-postes de l'adversaire furent
repoussés des hauteurs de Soultz. La brigade
venue de Wœrth se trouvait en ce moment au
nord de Soultz, la brigade de cuirassiers en
arrière des hauteurs d'Hermerswiller, et enfin, les
chasseurs à Hoffen.

La division de réserve s'était dirigée de Rittershoffen sur Oberroderen; comme les ponts de
l'Engelbach étaient occupés par des hussards à
pied, elle se vit forcée d'attendre l'arrivée de quelques compagnies d'infanterie, dont elle avait requis
l'appui la veille au soir à Reimerswiller. Les compagnies venaient seulement de dépasser Rittershoffen.

Si la division de réserve n'avait pas rencontré
une résistance qu'elle ne pouvait surmonter avec

l'armement insuffisant dont elle disposait, elle se serait trouvée en ce moment au moins à Asch-bach, comme le pensait le général.

Il ne faut donc pas attribuer ce retard aux troupes, mais bien à l'organisation d'une division exclusivement composée de régiments de grosse cavalerie, c'est à dire, à son armement.

Toutefois, le général n'est pas sans reproche. Il perdit de vue que les escadrons de chasseurs, avec leurs fusils, étaient plus nécessaires aux passages de l'Engelbach qu'aux environs d'Hermers-willer. Ici, en effet, les colonnes d'infanterie étaient à sa portée et on pouvait y recourir à tout moment; il était inutile d'avoir sur ce point une cavalerie armée de fusils, qui pouvait être beaucoup plus utile là où l'on devait passer l'Engel-bach et où l'on savait les ponts occupés par des hussards à pied.

Sur ces entrefaites, le général était allé en reconnaissance en avant. Il était décidé à ne pas presser tout d'abord l'ennemi trop vivement sur son front. Le terrain en avant de soi était assez difficile et surtout coupé par une série de petits ruisseaux; on se voyait donc amené à manœuvrer sur la rive droite de l'Hausauerbach, plutôt que de marcher tête baissée sur l'adversaire. Sur l'autre rive au contraire, à en juger d'après la carte, les conditions étaient bien plus favorables. Il lui sembla donc inutile d'attendre plus long-temps que la division de réserve eût passé l'En-gelbach et pût entrer en action sur cette rive.

Mais, pendant sa reconnaissance, le général
s'aperçut que l'adversaire envoyait des renforts
d'Hunspach sur l'autre rive. Dans ces circonstances, il devenait nécessaire d'y diriger aussi la
brigade de cuirassiers et le régiment de chasseurs; d'ailleurs, on pouvait voir distinctement
que le pont de la scierie avait déjà été enlevé
(vers 7 h. 15 m.). A 7 h. 20 m., les ordres nécessaires furent aussitôt donnés. Le régiment de
chasseurs couvrit la marche de la brigade de cuirassiers, dont la tête de colonne arriva au pont
de la scierie à 7 h. 30 m., les chasseurs passèrent plus tard à leur tour sur l'autre rive par le
pont du Finkenmühl.

A 7 h. 42 m., ces trois régiments étaient de
nouveau réunis à environ 800 mètres au nord de
là, précédés par leur batterie qui avait pris position sur la hauteur 184. Le général X. s'était
rendu lui-même sur ce point, après avoir ordonné
à la brigade de lanciers et de dragons laissée sur
l'autre rive de suivre la retraite de l'ennemi et de
se maintenir constamment en contact avec lui.

Quant à la division de réserve, après avoir
reconnu que tous les ponts de l'Engelbach étaient
occupés par des hussards à pied, elle avait dû
attendre l'arrivée de l'infanterie qu'elle avait
requise. Elle avait néanmoins envoyé de grand
matin des officiers reconnaître la rivière. L'un de
ses officiers fit connaître qu'on pouvait passer à
gué sur différents points et qu'il n'y avait sur
l'autre rive qu'une petite patrouille de hussards.

Une brigade de cuirassiers s'y dirigea aussitôt en couvrant sa marche derrière les hauteurs de Hatten et atteignit l'Engelbach au sud de Buhl, à 7 h. 15 m.

En ce moment, le pont de Roderen avait été enlevé aussi, et à 7 h. 20 m., le reste de la division effectuait déjà le passage avec sa tête de colonne. Le pont avait été rétabli en toute hâte et le passage exigea beaucoup de précautions; il fallut conduire les chevaux en main. Par suite de ces difficultés, la queue n'atteignit l'autre rive qu'à 7 h. 42 m., et la batterie même ne put rejoindre la brigade qu'un peu plus tard.

Le général X. réunit les deux brigades (5 régiments) à Aschbach; les deux batteries se portèrent sur les hauteurs en avant, escortées par deux escadrons. La brigade de droite, qui avait passé à Buhl, reçut l'ordre de continuer sa marche à l'est de Niederseebach sur Oberseebach. A 7 h. 50 m., la réunion des deux autres brigades était effectuée à Aschbach, la brigade de droite s'approchait de Niederseebach. On devait attaquer la cavalerie qui se trouvait derrière les hauteurs 179 et 184, ainsi qu'à Oberseebach. Tous les officiers avaient déjà reçu les instructions nécessaires à cet effet lorsqu'on reçut avis de la brigade de cuirassiers détachée que de la cavalerie ennemie se montrait sur sa droite au sud de Tombach et qu'elle avait surpris et dispersé l'escadron de flanqueurs qui suivait la route.

On ne pouvait donc pousser plus loin pour le

moment, sans courir le danger de se voir peut-être
pris en flanc et par derrière par de nouvelles masses de cavalerie débouchant de Tombach. Il fallait
d'abord éclairer la situation ; l'on apprit bientôt
que la cavalerie signalée n'était qu'un escadron
ennemi qui s'était frayé le passage les armes à la
main pour gagner Wissembourg ; mais il n'en
résulta pas moins une grande perte de temps, de
sorte que le gros de la division n'arriva qu'à 8 h.
25 m. au sud des hauteurs 179 et 184, où les
batteries ennemies étaient auparavant en position,
tandis que la brigade de cuirassiers détachée
atteignait le terrain au sud-est d'Oberseebach.

L'ennemi, qui s'était retiré sur ces entrefaites,
s'était remis face en tête 3,000 mètres plus loin,
derrière la hauteur 190, ainsi que des deux côtés
de la route. Le feu d'une batterie battait complétement le terrain entre Oberseebach et l'Hausauerbach. Pour engager l'attaque, il fallut
d'abord faire avancer les batteries à cheval, afin
de réduire au silence les pièces de l'adversaire ou
au moins détourner leur feu.

L'adversaire n'attendit pas ce mouvement, et à
8 h. 30 m., il reprenait déjà sa retraite, sous la
protection de deux batteries, de sorte qu'on ne put
le suivre qu'avec une certaine précaution, afin de
ne pas exposer les masses à des pertes inutiles.
On crut aussi devoir faire appuyer les masses
vers la route de Fort-Louis, où le terrain était
plus découvert et moins accidenté. En conséquence, la division de réserve fut réunie de ce

côté à la hauteur de l'entrée nord d'Oberseebach, tandis que les trois régiments du 1er corps d'armée prenaient provisoirement position derrière la hauteur 190. Telle était à 9 h. du matin la situation de la cavalerie de l'armée du sud dont on avait d'abord à se préoccuper.

Sur ces entrefaites, on avait aperçu l'infanterie ennemie descendre du Geisberg et on avait pu remarquer que Riedseltz-Oberdorf et le bois à l'ouest de Schleithal étaient occupés. Mais on ne savait pas qu'il n'y avait là que des cavaliers à pied.

Dans cette situation et en présence de toute la cavalerie qu'il voyait réunie devant lui, le général X. crut imprudent de poursuivre les avantages qu'il avait obtenus jusqu'alors.

Il envoya, en conséquence, au commandant de la brigade du 1er corps d'armée qui se trouvait sur l'autre rive, l'ordre de ne pas dépasser Ingolsheim et de chercher à se renseigner par des patrouilles sur la position et la force de l'ennemi qu'on avait devant soi.

Il résulte de cet exposé que la cavalerie de l'armée du sud a subi des retards par suite de l'arrivée tardive de son infanterie sur l'Engelbach, par suite aussi de la négligence à s'éclairer suffisamment sur son flanc droit. Avec de meilleures dispositions et une attention suffisante, il n'en eût pas été ainsi et il eût été bien difficile à la 1re division de cavalerie, dispersée comme elle l'était, de se maintenir sur le terrain aussi long-

4

temps et d'opérer sans accident la réunion de ses masses.

D'un autre côté, il n'en est que plus évident que, si la 1ʳᵉ division de cavalerie eût été réunie à temps sur la rive gauche de l'Hausauerbach, elle eût trouvé occasion de remporter un grand succès sur un adversaire supérieur en nombre, soit au moment où la cavalerie de l'armée du sud débouchait de l'Engelbach, soit lors du mouvement étendu de son extrême droite par la route de Fort-Louis.

LES ÉVÉNEMENTS DE 9 H. A 11 H. DU MATIN.

COMBAT DE LA DIVISION RÉUNIE.

(Voir le croquis ¹.)

Les deux généraux réunis s'entretinrent d'abord des événements qui s'étaient passés jusqu'alors et discutèrent ensuite les dispositions réclamées par les circonstances.

D'après les derniers renseignements envoyés par les uhlans du Vᵉ corps, l'infanterie de l'adversaire avait atteint aussi les environs de Drachenbronn, au Moulin des Fontaines. La cavalerie

¹ Le croquis diffère un peu du plan relatif au combat de Wissembourg, donné dans l'ouvrage du grand état-major. On ne saurait donc suivre sur ce dernier les différentes phases de combat que nous décrivons, attendu que les choses se seraient passées tout autrement, par suite de légères nuances dans le terrain.

s'était arrêtée sur la ligne qui s'étend de Cleebourg à Oberseebach par Ingolsheim ; quelques escadrons seulement et des patrouilles s'étaient portés au delà.

Le commandant de la 9ᵉ division d'infanterie avait fait occuper Riedseltz par un bataillon de chasseurs et Rott par un bataillon d'infanterie, le gros de la 17ᵉ brigade (trois bataillons et une batterie) se tenait en réserve sur les hauteurs de Schafbusch. Le régiment de uhlans avait été poussé de l'autre côté de la Seltz. Des deux autres bataillons de la brigade, l'un occupait Wissembourg, l'autre avait deux compagnies à Weiler et deux à Altenstadt.

Les deux généraux décidèrent de s'opposer à tout prix à la marche de l'ennemi. Quoique la position fût très étendue, la vallée encaissée de la Seltz, qui couvrait une partie de son front, lui donnait cependant une certaine force. L'autre brigade de la 9ᵉ division ne devait pas tarder d'ailleurs à arriver, et l'on aurait certainement, même en présence d'une grande supériorité de forces, quelque chance de résister avec succès pendant un certain temps. Le général A. se chargea du soin de couvrir le flanc gauche de l'infanterie, en occupant le terrain découvert entre le Niederwald et la route de Soultz, et de maintenir la communication avec le XIᵉ corps.

Le bois qui longe le chemin de Gutleithof à Schleithal était déjà occupé par des hussards à pied, mais le commandant de la 9ᵉ division offrit lui-même de les relever par une compagnie de chasseurs, ce que le général A. accepta avec empressement.

On croyait pouvoir attendre ainsi tranquillement l'arrivée de l'infanterie ennemie, que l'on pensait voir bientôt déboucher. On venait d'en apercevoir les avant-gardes à l'ouest de Drachenbronn, ainsi que sur la hauteur de Schœnenbourg. On supposa que celles-ci feraient une grande halte ou que les colonnes, encore séparées, opéreraient d'abord leur réunion, et les lunettes restèrent constamment braquées sur les hauteurs au nord d'Ingolsheim, qui cachaient complétement le terrain au delà.

Sur ces entrefaites, à 10 h., était enfin arrivé l'aide de camp qui avait été envoyé le matin au XIe corps. Il était accompagné d'un officier d'état-major de ce corps d'armée et de quelques ordonnances. D'après le rapport de cet officier, « la 41e brigade était au courant de ce qui se passait sur la rive gauche de l'Hausauerbach, grâce aux renseignements que lui avaient donnés ses patrouilles et à ceux qu'elle avait reçus de la division de cavalerie. La 21e division ne pouvant guère être réunie avant 10 h., son chef ne se croyait pas en mesure d'appuyer efficacement les opérations sur un point quelconque. Mais, aussitôt que le reste de la division serait arrivé, il prendrait avec toutes ses troupes une position d'observation entre Niederlauterbach et Neuweiler, de manière à pouvoir appuyer au besoin l'avant-garde du Ve corps.

Depuis 8 h. du matin, on voyait toujours des hussards devant le front du XI⁰ corps ; ils venaient de
Seltz et de Niederroderen. »

L'officier d'état-major ajouta qu'il avait ordre
de rester à Wissembourg et de tenir son général
au courant des événements.

Disons en passant que le commandant de la
9⁰ division d'infanterie s'était déjà porté sur la
hauteur de Schafbusch avant l'arrivée de ces
officiers. L'officier d'état-major lui fut envoyé
pour l'informer également de la situation de son
corps d'armée.

La situation ne s'était pas beaucoup modifiée
sur le front de la division de cavalerie. De temps
à autre, quelques coups de canon seulement se
faisaient entendre, lorsque les reconnaissances
marchaient sans précaution et sans tenir compte
du terrain. Cependant on avait aperçu à l'ouest
d'Oberseebach de gros nuages de poussière qui
semblaient se diriger vers la route de Fort-Louis;
les rapports des patrouilles indiquaient aussi une
concentration de cavalerie aux abords de cette
route.

Le général A. eut un instant la pensée de
prendre à son tour l'offensive avec les trois brigades maintenant réunies et de marcher à l'attaque. L'opinion de la division était unanime sur
ce point. Depuis qu'on s'était mis en contact avec
l'ennemi, le succès qu'on avait obtenu dans le
combat de Soultz et dans toutes les petites rencontres avait excité au plus haut degré le senti-

ment d'une certaine supériorité sur l'adversaire. On comprenait très bien qu'il avait fallu se retirer le matin, mais maintenant que la division était réunie, l'on se croyait en mesure de tenir tête à l'adversaire et on brûlait du désir de se mesurer avec lui et de reconquérir le terrain perdu.

Toutefois, le général ne s'était pas laissé entraîner par cette impression générale. L'infanterie ennemie pouvait paraître d'un instant à l'autre et attaquer la position de la 17ᵉ brigade ; il voulait, par conséquent, conserver autant que possible toutes ses forces intactes pour le combat que l'on aurait à livrer pour conserver la rive droite de la Lauter. Mais une demi-heure se passa et l'infanterie ne parut point. Tout en cherchant à s'expliquer ce retard de l'adversaire, on ne pouvait deviner quelles pouvaient être ses intentions en ce moment. Le général crut alors de son devoir de faire constater la position des corps de troupes qui s'étaient déjà trouvés la veille en première ligne. Pour cela, il fallait d'abord repousser la cavalerie qu'on avait devant soi.

Ces considérations, jointes à l'opinion générale de ses officiers et de ses troupes, le décidèrent à marcher à l'attaque.

A 10 h. 15 m., lorsqu'il vit s'approcher l'autre brigade de la 9ᵉ division, le général A. fit aussitôt communiquer ses intentions au commandant de cette division. Il l'informa en même temps qu'il voulait exécuter son attaque le long de la route de Fort-Louis, et le priait d'assurer sa retraite.

A l'est de la route de Fort-Louis, le terrain, couvert partout de blés assez grands, s'élève légèrement depuis le pied du Geisberg jusqu'à la ferme de Geitershof, qui se compose de trois bâtiments sans importance; de là à Frohnackerhof, il forme un petit plateau assez uni, qui a sa plus grande étendue · dans la direction de Schleithal. Au sud de Frohnackerhof et du chemin qui conduit de cette ferme à Oberseebach, s'élèvent quelques ondulations, derrière lesquelles on voyait le gros des cuirassiers ennemis, mais sans pouvoir distinguer toutefois les détails de leur position.

A l'ouest de la route, le terrain s'abaisse et donne naissance à un petit vallon qui se prolonge dans la direction d'Oberseebach. Ce village est assez encaissé et l'on ne pouvait en apercevoir les maisons que du sommet de la hauteur 185. Cette hauteur allait se relier par une crête étroite à une deuxième hauteur (190), située à un peu plus de 1,500 m. de la première et dont les pentes fermaient complétement l'horizon entre Oberseebach et la vallée de la Seltz. Plusieurs petits ruisseaux descendaient de cette crête et formaient des déchirures assez profondes, de sorte que le terrain paraissait impraticable pour de grands corps de cavalerie.

C'était donc à l'est de la route de Fort-Louis qu'il fallait chercher son champ d'attaque. Mais plus on s'avançait de ce côté, plus on s'exposait à un grand danger, car si l'ennemi débouchait à l'ouest d'Oberseebach, la division n'avait pas d'autre ligne de retraite que par l'étroit défilé formé par le Geisberg et le Niederwald. Il fallait donc en tout état de cause s'assurer suffisamment l'espace compris entre la route et le chemin de fer. Le général A. ne pouvait trouver une meilleure occasion d'employer son artillerie; quoique son tir fût limité en avant sur une étendue de 1,600 m., elle n'en serait pas moins en mesure d'empêcher l'accès de la crête qui relie les hauteurs 185 et 190. La position était, du reste, excellente pour battre complétement le champ de bataille probable de la cavalerie de l'autre côté de la route, et l'artillerie n'avait rien à craindre pour ses pièces, puisque la station de Riedseltz était occupée par un bataillon de chasseurs.

La route de Fort-Louis, sans être bordée d'arbres, était longée par des fossés assez profonds et assez encaissés, mais sans eau.

Après avoir ainsi reconnu le terrain, le général donna ses ordres. Il prescrivit au commandant L. de prendre position avec ses trois batteries sur la pente sud de la hauteur 185 et de suivre à l'ouest de la route, s'il y avait lieu, le mouvement de la cavalerie, lorsqu'elle se porterait en avant. Le 1er escadron du 1er dragons, qui avait déjà été dirigé de ce côté, fut chargé de les soutenir. La marche de la division à l'est de la route devait s'exécuter, du reste, dans une formation tout à fait réglementaire : la brigade de grosse cavalerie en première ligne, les hussards en deuxième, débordant la première à gauche, la brigade de dragons en troisième ligne. La droite de la première ligne devait s'appuyer à la route. Le 4ᵉ escadron du 2ᵉ hussards se trouvait caché sur les pentes qui descendent vers Schleithal.

A 10 h. 30 m., les troupes s'ébranlèrent. Le commandant L. se porta aussitôt au galop avec ses trois batteries à l'ouest de la route jusqu'à hauteur de Geitershof et les mit en batterie, leur gauche appuyée au bas-fond qui mène à Oberseebach (10 h. 33 m.). La brigade de grosse cavalerie, déployée en ligne de colonnes, les cuirassiers à droite, les uhlans à gauche, s'était mise en marche au pas, puis avait pris aussitôt le trot; à 10 h. 33 m., elle avait sa droite au coude que forme la route à 600 m. avant d'arriver à Geitershof, sa gauche se trouvait près du chemin qui vient du Niederwald et longe le plateau parallèlement à la route.

A 120 m. en arrière, venaient deux escadrons de soutien du 1ᵉʳ hussards : le 1ᵉʳ escadron, derrière le régiment de cuirassiers, le 2ᵉ, derrière le régiment de uhlans, tous les deux en colonne.

Les cinq escadrons de hussards restants s'étaient placés à 240 m. de la première ligne, débordant à gauche le 4ᵉ escadron de uhlans. Obligés d'abord par le défaut de place de marcher par régiments en masse, à distance de déploiement, ils se déployaient en ligne de colonnes, et dans ce mouvement, deux de leurs escadrons traversaient déjà le chemin dont nous avons parlé plus haut.

A 120 m. en arrière, par conséquent à 360 m.

de la première ligne, et derrière le centre, venait la brigade de dragons (sept escadrons), massée par régiment, sans intervalles de déploiement.

Le commandant de la division qui avait galopé assez loin en avant avec son chef d'état-major, se trouvait sur la gauche et en avant de la première ligne. Le général B. marchait en avant du centre de la brigade de grosse cavalerie, qui était précédée par quelques cavaliers et flanquée par des patrouilles de combat.

La cavalerie ennemie venait seulement de se mettre en mouvement. On aperçut quelques cuirassiers aux environs de Frohnackerhof, au sud du chemin qui conduit de là à Oberseebach; une batterie prenait position au sud-est de la ferme. De l'autre côté de la route, deux autres batteries en position sur un petit plateau à l'ouest du village ouvrirent le feu contre les batteries de la première division de cavalerie (10 h. 33 m.) [1].

La division continua son mouvement au trot, d'abord sans interruption. Le général A. aperçut bientôt une masse de cuirassiers qui débouchaient à l'est du Warschbach; il reçut en même temps avis du 4e escadron du 2e hussards, qui s'était porté en avant sur la gauche, qu'un régiment de cuirassiers avec une batterie passait le Warschbach au grand trot (c'étaient probablement ceux qu'avait vus le général) et que l'escadron allait

[1] Le déploiement à 10 h. 33 m. est indiqué sur le croquis par le chiffre 33 ; les autres phases du combat sont de même indiquées par le nombre de minutes.

tomber sur le flanc de ce régiment, en dissimulant son mouvement derrière les pentes de Schleithal.

Le général de division appela l'attention du commandant de la brigade de hussards sur les masses qui se montraient de ce côté et lui ordonna de ne pas les perdre de vue.

Il se rendit ensuite au galop à la brigade de grosse cavalerie qui, après avoir fait quelques évolutions nécessitées par la direction même de la route, venait de sonner le déploiement et s'approchait du chemin de Geitershof à Schleithal. On voyait aussi les cuirassiers ennemis se déployer entre la route et Frohnackerhof; leur ligne semblait s'étendre jusqu'à la route, mais la distance et la poussière ne permettaient pas de voir s'il y avait une ou plusieurs lignes. Le général n'eut que le temps de crier en passant au général B. que des cuirassiers s'approchaient aussi à l'est de Frohnackerhof. Déjà le 1er uhlans, après avoir conversé légèrement à gauche avant de se déployer, avait traversé le chemin à l'est de Geitershof et marchait à l'attaque (10 h. 36 m.). Le 1er cuirassiers, qui avait fait aussi un léger changement de direction à gauche, suivait également déployé, en échelon sur la droite, à peu de distance en arrière des uhlans. Un grand flottement et un certain désordre, causés par quelques obus, se manifestèrent à la droite des cuirassiers. Nos batteries activèrent sensiblement leur feu sur la cavalerie déployée de l'adversaire, dont on pouvait évaluer maintenant la force à une brigade, sans compter les troupes qui paraissaient la suivre.

Le général s'était dirigé sur l'intervalle entre les deux régiments de première ligne. Il les laissa passer et attendit là sa brigade de réserve, à laquelle il avait déjà envoyé l'ordre de suivre la gauche de la brigade de grosse cavalerie. Mais, avant que les dragons ne fussent arrivés au chemin qui débouche à l'est de Geitershof, le premier choc des uhlans avec les cuirassiers ennemis avait déjà eu lieu à 400 m. au sud de ce chemin (10 h. 37 m.).

Le général courut à la brigade de dragons, qu'il fit aussitôt déployer en ligne de colonnes. Arrêtons-nous un instant sur le combat qui se développa sous les yeux même du général de division.

Le régiment de uhlans et les cuirassiers ennemis étaient aux prises, ainsi que l'escadron de soutien (2° du 1er hussards), qui avait été entraîné aussi dans la mêlée ; des groupes de cavaliers tourbillonnaient déjà jusque sur le front des dragons. Le 1er cuirassiers avait poussé plus au sud et s'était heurté avec un nouvel adversaire. Mais l'escadron de droite avait complétement lâché pied. Désorganisés par le feu d'artillerie, qui était principalement dirigé sur cet escadron, les cavaliers en fuite se précipitèrent sur Geitershof. L'escadron de soutien prit aussitôt la place de l'escadron de cuirassiers. La charge de nos deux régiments semblait, du reste, avoir complétement réussi. Les uhlans, ainsi que le 1er cuirassiers, poussèrent à toute bride encore quelques centaines de pas plus loin. Mais la poursuite fut bientôt interrompue, probablement par l'arrivée des soutiens de l'adversaire, et le combat parut s'arrêter. Toutefois, les nuages de poussière ne permettaient pas de distinguer nettement ce qui se passait (10 h. 40 m.).

Sur ces entrefaites, *la brigade de hussards* était aussi entrée en ligne. Le reste du 1er hussards (3e et 4e escadrons) s'était tourné contre les cuirassiers qui avaient débouché à l'est de Frohnackerhof et menaçaient le flanc gauche des uhlans ; mais les hussards avaient dû céder sous le choc puissant des cuirassiers (10 h. 39 m.). Les trois escadrons du 2e hussards, qui avaient trop prononcé leur mouvement oblique vers la gauche, arrivèrent en ligne un peu tard ; néanmoins, ils forcèrent sur ce point l'adversaire à faire demi-tour, grâce aussi, il faut le dire, à l'escadron détaché sur la gauche, qui se jeta brusquement sur lui.

Le général A. s'était dirigé, avec la *brigade de dragons*, sur le vide qui s'était produit entre les deux brigades engagées en première ligne, lorsqu'on aperçut tout à coup une certaine indécision se manifester sur la gauche et les hussards faire aussitôt demi-tour. En ce moment, 10 h. 41 m., les dragons se trouvaient encore à 1,000 m. au nord-ouest de Frohnackerhof, c'est à dire à 250 ou 300 m. des combattants. Le général de division commanda aussitôt un demi à gauche aux 2e, 3e et 4ᵉ escadrons du 2ᵉ dragons; il les fit déployer au fur et à mesure qu'ils arrivaient en ligne et les lança successivement sur l'adversaire, qui fut refoulé.

Pendant qu'il donnait ces ordres aux dragons, le combat à l'ouest du champ de bataille paraissait avoir pris une assez mauvaise tournure. Là, uhlans, cuirassiers et hussards, pêle-mêle avec des cuirassiers ennemis, se précipitaient en arrière dans un désordre complet. Pour arrêter le torrent, il fit faire un demi à droite aux 2ᵉ et 3ᵉ escadrons du 1ᵉʳ dragons; ces deux escadrons se déployèrent ensuite et se jetèrent sur le flanc de cette masse de cavaliers en fuite (10 h. 42 m.). Le commandant de la division fit sonner ensuite « front » et aussitôt après « le ralliement » pour la brigade de grosse cavalerie.

Les deux signaux ne furent pas cependant immédiatement suivis par tous les cavaliers. L'arrivée des dragons avait forcé une partie des cuirassiers ennemis à faire aussitôt demi-tour; un certain nombre avaient été refoulés par le choc même du côté de la route; mais ceux qui avaient été entraînés en avant, ainsi que ceux qui avaient combattu le plus à l'ouest et avaient, par conséquent, subi les derniers l'impression du choc, continuèrent la poursuite vers le nord. Le général craignit un instant pour le sort des batteries, qui n'avaient qu'un seul escadron avec elles, et engagea encore le 4ᵉ escadron du 1ᵉʳ dragons de ce côté, de sorte qu'il ne lui restait plus qu'un

seul escadron disponible (1er du 2e dragons).
Malgré la débandade d'un certain nombre de
cavaliers, qui se précipitaient à bride abattue sur
Altenstadt, on parvint cependant, grâce à l'arrivée successive des trois escadrons du 1er dragons,
soutenus par ceux des uhlans, cuirassiers et hussards, qui se reportaient en avant, à faire refluer
sur ce point le combat vers le sud. Un grand
nombre de cavaliers ennemis se jetèrent au delà
de la route, mais là ils furent accueillis par le
feu de l'artillerie et obligés d'aller chercher un
abri dans le bas-fond qui mène à Oberseebach.

Après avoir été ainsi obligé d'engager presque
toute sa troisième ligne, le général s'était pré-
occupé de former immédiatement une nouvelle
réserve. Son état-major avait déjà réussi à rassembler une centaine de uhlans, avec quelques
hussards et quelques cuirassiers. Un autre rassemblement s'opérait également à 400 m. à l'ouest,
quoiqu'une partie des uhlans et des cuirassiers
fût encore à la poursuite de l'adversaire.

Lorsque le tumulte se fut un peu calmé et que
la poussière se fut dissipée, on aperçut la brigade
de hussards qui se ralliait de son côté à 500 m. à
l'est; mais au sud-est, une masse de cavaliers continuaient la poursuite; l'on pouvait distinguer
facilement leurs traces aux nuages de poussière
qui s'élevaient à l'est de Frohnackerhof (10 h.
46 m.).

Le commandant de la division envoya à la brigade de grosse cavalerie l'ordre d'achever rapide-

ment son ralliement sur le point même où elle se
trouvait et prescrivit aux hussards de se replacer
aussitôt que possible en deuxième ligne derrière
elle. Il se porta ensuite au galop, avec le dernier
escadron de dragons qui lui restait encore, dans
la direction de Frohnackerhof, pour reconnaître
le terrain en avant et chercher à voir ce qui s'y
passait. Avant même d'arriver à la ferme en question, il aperçut ceux de nos cavaliers, qui se trouvaient encore en avant, faire demi-tour à toute
bride, suivis par des lignes serrées de cavalerie.
Il envoya aussitôt de nouveaux ordres en arrière
pour presser le ralliement des troupes; mais le
ralliement ne pouvait s'opérer aussi vite qu'on le
désirait, car le plateau était vivement battu par
le feu de l'artillerie qui était en position à Oberseebach et à l'est du Warschbach. Le général se
rendit alors en personne à la brigade de grosse
cavalerie, après avoir laissé là le 1er escadron du
2e dragons, pour recueillir les hussards.

Heureusement, l'ennemi ne poursuivit pas bien
loin, et les escadrons qu'il avait reportés en avant
(il n'y en avait que trois) ne dépassèrent pas le
chemin d'Oberseebach à Frohnackerhof.

A son arrivée à la brigade de grosse cavalerie
(10 h. 50 m.), il trouva cette brigade à peu près
ralliée et déjà prête à rentrer en ligne; mais les
troupes souffraient beaucoup sous le feu violent
qui balayait le plateau, et il fallut se résoudre à
achever le ralliement de la division plus en arrière
ou à renouveler l'attaque. Toutefois, celle-ci n'était

guère exécutable en ce moment, car l'artillerie de l'adversaire, placée aux deux ailes, dominait le terrain de telle sorte qu'on ne pouvait songer à aborder l'ennemi que par quelque mouvement tournant, qui aurait demandé beaucoup de soin et un certain temps. La division, d'ailleurs, n'était pas encore en réalité prête à entrer en ligne tout entière, et la brigade de dragons était loin d'être reformée.

Le général se décida dès lors à rassembler ses troupes hors de la portée du feu de l'adversaire.

La brigade de grosse cavalerie reçut, en conséquence, l'ordre de se retirer assez loin derrière le chemin de Geitershof à Schleithal, et de se mettre à l'abri sur les pentes du plateau ; un escadron devait rester en observation à Geitershof et faciliter la retraite des traînards et des blessés.

La brigade de hussards devait se retirer également et prendre position à gauche de la première, de manière à pouvoir tomber sur le flanc de l'ennemi, s'il s'avançait sur le plateau ; elle devait pousser un escadron assez au loin pour observer l'adversaire et assurer le sort des blessés.

La brigade de dragons, qui se ralliait déjà sur différents points, dut se rassembler derrière la grosse cavalerie.

Le mouvement commença immédiatement (10h. 51 m.). Il s'exécuta au pas, malgré le feu de l'adversaire. Vers 11 h., les brigades atteignirent leurs emplacements, à 1,000 m. au nord de Geitershof. L'ennemi ne suivit sur aucun point. Un

5

bataillon de la 17ᵉ brigade était arrivé dans un petit vallon qui descend de la route et va déboucher au chemin de fer.

Les batteries à cheval se retirèrent également dans la position qu'elles avaient occupée avant l'attaque.

A partir du moment où elle s'était ébranlée, la division de cavalerie était donc revenue au bout d'une demi-heure à environ 600 m., en avant du point d'où elle était partie pour l'attaque. Le combat proprement dit, à compter depuis le premier choc jusqu'au moment où les dragons furent refoulés lors de la poursuite, avait duré environ douze minutes. L'adversaire paraissait, lui aussi, avoir repris sa première position. Le combat n'avait donc été, en somme, qu'un grand duel de cavalerie sans résultat décisif.

On avait lutté à armes égales, et des deux côtés chacun s'était montré à la hauteur de son adversaire et ne lui avait cédé ni en habileté, ni en valeur. On n'avait pour le moment aucune chance de refouler l'adversaire dans une nouvelle attaque. On se contenta donc de reformer les régiments qui étaient ralliés pêle-mêle, et de rétablir les liens tactiques. Quoique le combat eût été assez court, on n'en avait pas moins subi de grandes pertes. Le commandant de la brigade de grosse cavalerie était resté sur le carreau, les colonels du régiment de uhlans et du 2ᵉ hussards avaient été blessés, celui du 1ᵉʳ hussards avait disparu et était même mort, ainsi qu'on put le constater plus

tard; les 3ᵉ et 4ᵉ escadrons du 1ᵉʳ hussards avaient
surtout été fort éprouvés. On ne pouvait pas apprécier encore le chiffre des pertes; une masse
d'hommes dispersés ou légèrement blessés continuaient à descendre du plateau; un certain nombre
de cavaliers avaient dû escorter des prisonniers et
des blessés, d'autres enfin avaient filé sur Schleithal et le Niederwald.

Malgré ces pertes, une grande surexcitation
régnait dans la division. Au milieu même des
diverses phases si variables de la mêlée, l'homme
de troupe avait senti se réveiller en lui le sentiment de sa valeur personnelle, de l'esprit de cama-
raderie et de discipline.

Le commandant de la division eut soin de donner quelques éloges aux hommes, tout en expri-
mant son mécontentement de ce que le ralliement
s'était fait trop lentement et avec trop de bruit.

On ne pouvait pas encore connaître tous les
détails du combat, beaucoup avaient échappé aux
regards du général de division. Il apprit seulement en ce moment qu'à l'aile droite, en avant des
batteries à cheval, le 1ᵉʳ escadron du 1ᵉʳ dragons
avait aussi été engagé avec des chasseurs.

Le 1ᵉʳ escadron de cuirassiers, après avoir cédé
au début sous le feu de l'artillerie, s'était rallié
assez à temps pour rentrer en ligne au moment
où les dragons arrivèrent pour dégager la brigade
de grosse cavalerie. On prétendait aussi qu'Oberseebach était occupé par de l'infanterie, les hussards affirmaient en avoir reçu des coups de

fusil. On disait même que les dragons, qui avaient poursuivi à l'extrême gauche, avaient pris une pièce; mais les recherches qu'on fit ne purent le constater; ils étaient, à la vérité, passés à côté d'une pièce abandonnée, mais ils n'avaient pu s'en préoccuper davantage, puisqu'ils avaient été aussitôt après refoulés par l'adversaire.

L'ambulance s'était, de son côté, portée sur le plateau, dès qu'elle avait vu commencer le ralliement, et était aussitôt entrée en fonctions. Le nombre des blessés était considérable, et malgré le concours que lui prêta une section d'ambulance du Vᵉ corps, il était difficile de subvenir à tous les besoins. On n'avait pu placer l'ambulance dans la ferme de Geitershof, à laquelle les obus ennemis avaient mis le feu, et on l'avait installée alors au nord de la hauteur 185; un bataillon venait d'arriver sur ce point et fournit les hommes nécessaires pour aller chercher l'eau et les réquisitions dont on avait besoin à Riedseltz-Oberdorf.

L'intendant de la division avait eu soin, dès 9 h. du matin, de requérir des voitures pour le transport des blessés à Altenstadt, Gutleithof et Riedseltz-Oberdorf, et, fort heureusement, il en était déjà arrivé quelques unes à l'ambulance.

OBSERVATIONS.

L'ENSEMBLE DU COMBAT.

Depuis 9 h. du matin, le rôle isolé de la division a cessé; ses opérations sont maintenant liées à celles d'un corps d'armée. L'adversaire s'est mis en contact avec nos avant-gardes d'infanterie, la cavalerie ne peut plus lui en cacher la présence, et encore moins rester en contact avec l'infanterie de l'adversaire ; à moins d'un changement complet dans la situation générale, elle ne peut plus reprendre son indépendance en avant de l'armée.

Il s'agit avant tout d'opposer, de concert avec l'infanterie d'avant-garde, une résistance énergique, non seulement à la cavalerie de l'adversaire, mais encore aux colonnes qui peuvent la suivre.

Et cependant, nous voyons la 1ʳᵉ division de cavalerie reprendre l'offensive au bout de peu de temps et engager à elle seule, par conséquent dans un certain isolement, un combat des plus sérieux.

Considérons d'abord la résolution prise par le général de marcher à l'attaque.

Il était assez naturel que l'on cherchât à repousser l'adversaire, maintenant que l'on se sentait numériquement assez fort.

Il faut ajouter toutefois que l'on attendit, pour commencer l'attaque, que l'on se fût assuré la possession du terrain au sud de Wissembourg par l'arrivée de l'infanterie.

Si l'on réussissait à repousser la cavalerie de l'adversaire, on parviendrait peut-être à constater la position des têtes de colonne de son infanterie, et l'on pourrait ainsi recueillir des renseignements de la plus haute importance pour le grand quar-

tier-général. Peut-être même pourrait-on servir
encore de rideau à notre infanterie et empêcher
ainsi l'adversaire de connaître sa position.

Le résultat de l'engagement ne confirma nullement cet espoir. Après le combat, on se trouva des
deux côtés exactement dans la même situation
respective qu'auparavant.

Abstraction faite de l'effet moral qu'on en
recueillit et dont il faut certainement tenir compte,
le bénéfice fut nul pour l'ensemble et l'on s'exposa
à des pertes considérables.

On ne peut que savoir gré à la division de
cavalerie d'avoir pris une certaine initiative, dès
qu'elle vit sa retraite assurée par l'arrivée de
l'infanterie, et d'avoir cherché à changer la tournure des choses, pour reprendre sa mission anté-
rieure.

On pourrait l'approuver aussi d'avoir payé
d'énergie et combattu pour atteindre ce but. Il
faut toujours encourager cette ardeur au combat,
lorsqu'elle se manifeste sous un prétexte raison-
nable, et pour rien au monde nous nous garde-
rions bien d'y porter atteinte par des critiques
malencontreuses. L'amour du danger, le désir de
se mesurer avec l'adversaire doivent embraser le
cœur du cavalier; sinon, il ne faut rien attendre
de lui.

Cependant, en présence du résultat négatif que
nous avons signalé, il est permis de se demander
si l'on ne pouvait pas servir l'intérêt général par
d'autres voies.

Jusqu'alors, on savait que l'infanterie de l'adversaire débouchait de Sourbourg et de Reimerswiller ; on avait vu plus tard un de ces corps sur le plateau de Schœnenbourg et enfin on avait appris que le bois à l'est de Drachenbronn était occupé.

Il était probable que cette infanterie se trouvait encore à ce moment sur la rive droite de l'Hausauerbach. Peut-être opérait-elle sa concentration sous la protection de ces avant-gardes ; peut-être aussi ne faisait-elle qu'une légère halte et allait-on la voir déboucher, mais on ne savait rien de tout cela. On ne savait pas davantage s'il n'y avait pas d'autres divisions d'infanterie arrivées.

Il était certain cependant que, pour être complétement fixé à cet égard, le moyen le plus rapide était d'opérer par la rive droite de l'Hausauerbach.

La 1re division de cavalerie était parfaitement en mesure de le faire. Aussitôt après l'arrivée de la brigade encore manquante de la 9e division d'infanterie, on était pour le moment à peu près sans inquiétude pour la position prise à Wissembourg et rien ne l'empêchait de franchir la haute Seltz et de sonder par la rive droite la position encore voilée de l'adversaire.

On savait que l'adversaire ne disposait là que de trois régiments de cavalerie, auxquels on pouvait opposer deux fois plus de forces. Quant aux six autres régiments de cuirassiers, qui se trouvaient alors à Oberseebach et sur la route de Fort-Louis, la distance et la difficulté de passer

d'une rive sur l'autre leur auraient permis difficilement d'arriver à temps pour soutenir les leurs.

Si l'infanterie se trouvait encore au nord de
Soultz, il était assez facile de constater sa position
dans la zone étroite (2 lieues 1/2) qui sépare
l'Hausauerbach des montagnes, et même jusqu'à
un certain point sa force.

Si elle s'était retirée sur ces entrefaites, on
reprenait la haute main sur toute la contrée jusqu'à Soultz, et l'on forçait probablement aussi les
brigades de cuirassiers de l'adversaire de se retirer
avec les chasseurs jusque derrière l'Engelbach.

Par conséquent, en passant la haute Seltz et
en opérant sur la rive droite, la 1re division de
cavalerie avait plus de chances de procurer des
renseignements sérieux au grand quartier-général qu'en s'engageant sur la rive gauche dans un
combat dont l'issue ne pouvait être que fort dou-
teuse. Mais il arrive souvent que les facteurs
moraux l'emportent sur les exigences de la théo-
rie. *Dans les circonstances où l'on se trouvait, avec
la division réunie après une longue retraite continue, il est difficile d'admettre que l'on fasse de
nouveau demi-tour en face de l'adversaire pour
aller passer la haute Seltz en défilant derrière le
Geisberg. Tout votre monde se serait figuré que
l'on craignait de se mettre en contact immédiat
avec lui. Et il fallait éviter à tout prix de donner
accès à de pareils sentiments, dans les premiers
jours de la campagne, la première fois que toutes
les troupes se trouvaient sous les yeux de l'ennemi.*

Officiers et troupes devaient apprendre à se connaître aujourd'hui même et se voir à l'œuvre ; les chances du combat n'étaient pas défavorables et il fallait cimenter dans une affaire sanglante la confiance mutuelle dont on avait besoin. L'occasion était bonne ; on ne devait pas la laisser échapper.

Nous ne pouvons donc qu'approuver le général A. d'avoir préféré *dans cette journée* atteindre carrément son but, au lieu de recourir à des manœuvres indirectes. Il aura bien le temps d'employer d'autres moyens dans le cours de la campagne, quand des occasions analogues se présenteront, lorsque la confiance générale sera établie et qu'il ne craindra plus de la voir s'ébranler par un mouvement qui devait, au début, paraître incompréhensible à ses troupes.

Nous ferons remarquer, pour terminer, que si le général n'atteignait pas son but par le combat, il avait toujours toute liberté pour recourir ensuite au moyen que nous avons indiqué.

Tout en conseillant, par conséquent, l'attaque dans le cas actuel, il convient cependant de se mettre en garde contre un certain entraînement naturel, auquel on cède continuellement dans les manœuvres en temps de paix. Nous voulons parler de cette attraction magnétique que les deux cavaleries opposées exercent toujours l'une sur l'autre.

On ne peut évidemment savoir mauvais gré au cavalier de préférer attaquer la cavalerie, plutôt que l'infanterie ou l'artillerie. Dans le combat de cavalerie, on lutte corps à corps; le courage, la force, l'habileté du cavalier sont en jeu, tandis qu'en face de l'infanterie et de l'artillerie, les balles viennent vous atteindre quand on se trouve encore à une grande distance de l'adversaire. Néanmoins, cette impression ne doit pas exclusivement régler l'attitude et la ligne de conduite sur le champ de bataille. Il faut, au contraire, agir *là où l'intérêt général le réclame*. Il est évident que notre cavalerie doit combattre la cavalerie ennemie là où elle se présente, pour l'empêcher de plonger ses regards dans nos lignes et réciproquement. Mais s'il n'est plus possible d'obtenir ce résultat, il y a à tenir compte d'autres considérations, surtout si le combat prend un certain développement et s'il exige le concert et l'action combinée de toutes les armes. Il n'est nullement nécessaire alors que la cavalerie se porte toujours à l'aile où paraît celle de l'adversaire, ni qu'elle se jette sur toute cavalerie qui menace notre infanterie. L'infanterie possède en elle-même tous les moyens de la repousser avec succès.

D'un autre côté, si l'infanterie a été ébranlée, qu'elle finisse par céder, qu'elle soit poursuivie et qu'il faille la délivrer, ou si l'adversaire fait lui-même demi-tour après avoir échoué dans son attaque et qu'il s'agisse de compléter sa défaite, ou enfin si l'on a lieu d'espérer quelque succès d'une apparition subite sur quelque point, là se trouve le véritable champ d'attaque pour la cavalerie. *C'est à elle à reconnaître et à apprécier de pareilles situations et à servir ainsi l'intérêt général; elle ne doit se préoccuper de la cavalerie ennemie que si elle la trouve alors sur son chemin.*

Après cette digression, reprenons le combat de notre division de cavalerie. Pour le juger dans son ensemble, nous jetterons d'abord un coup d'œil général sur le combat, en anticipant un peu sur les renseignements que l'histoire ne fournira que plus tard et en détaillant la situation de l'adversaire.

La cavalerie de l'armée du sud qui fut engagée sur la rive gauche se composait :

1° *De la 3ᵉ brigade de la division de cavalerie du 1ᵉʳ corps d'armée :* 8ᵉ et 9ᵉ régiments de cuirassiers ;

2° *Des deux brigades de la division de cavalerie de réserve,* savoir : 1ʳᵉ brigade : 4ᵉ et 5ᵉ cuirassiers; 2ᵉ brigade : 6ᵉ et 7ᵉ cuirassiers;

3° *Du 7ᵉ régiment de chasseurs à cheval.*

A chaque brigade était attachée une batterie à cheval; les régiments avaient chacun quatre escadrons, sauf les chasseurs qui n'en avaient que trois.

Au début, les 4ᵉ et 5ᵉ cuirassiers se trouvaient seuls avec une batterie à l'est d'Oberseebach, le reste de la cavalerie était réuni à l'ouest du village.

Aussitôt que le général X., qui commandait toute la cavalerie, aperçut des troupes d'infanterie sur la hauteur de Schafbusch, ainsi qu'à Riedseltz-Oberdorf, et qu'il sut que le bois à l'ouest de Schleithal était aussi occupé par de l'infanterie (ce renseignement était erroné toutefois [1]), il avait renoncé à pousser plus loin son mouvement. Après avoir reconnu le terrain, il se décida à ne laisser que les deux batteries avec le régiment de chasseurs à l'ouest d'Oberseebach, et à réunir tous ses cuirassiers de l'autre côté. Une fois la réunion opérée, comme il n'y avait pas assez d'espace pour se déployer entre la route et le Warschbach, la 1re brigade de la division de réserve dut passer avec sa batterie sur la rive gauche du ruisseau ; la 2e brigade se plaça en première ligne sur la rive droite ; la brigade du 1er corps resta en réserve en arrière.

Avant même que ces mouvements fussent exécutés, les éclaireurs signalèrent la retraite de l'adversaire. Le général se résolut immédiatement à l'attaquer. Les deux brigades de la division de réserve devaient s'avancer en première ligne, de chaque côté du Warschbach, les régiments des ailes en échelons en arrière ; la brigade du 1er corps devait, de son côté, suivre en réserve la brigade de gauche, à 500 m. en arrière.

Mais avant même que l'ordre arrivât à la

---

[1] Ce n'est que plus tard qu'il y eut de l'infanterie sur ce point ; il n'y avait au début qu'un escadron à pied de la 1re division.

1re brigade qui se trouvait de l'autre côté du ruisseau, la 2e brigade s'était mise immédiatement au trot. Pendant quelques minutes, elle fut en butte aux projectiles de l'artillerie de l'adversaire, qui tenait en position à l'ouest de Geisterhof, malgré le feu violent des batteries opposées.

Le 6e cuirassiers de la division du sud était, par conséquent, déjà très ébranlé quand il aborda le 1er uhlans, et ne put soutenir le choc de ce régiment, qui s'était vu, d'ailleurs, bientôt renforcé par le 2e escadron du 1er hussards. Le 7e cuirassiers, qui suivait à gauche, eut encore plus à souffrir de ce feu de l'artillerie. Il était donc encore moins en état d'opposer une sérieuse résistance à l'aile droite de la 1re division de cavalerie.

Les 8e et 9e régiments de cuirassiers avaient suivi d'assez loin l'attaque de la 2e brigade de la division de réserve sur la rive droite du Warschbach. Le 8e régiment, ainsi que deux escadrons du 9e, après avoir fait exécuter à leur aile droite un léger demi-à-droite, afin de ne pas être refoulés par les fuyards, se jetèrent sur les masses victorieuses et les repoussèrent. Les deux autres escadrons du 9e régiment, qui étaient restés en colonnes sous le feu de l'artillerie, furent mis dans le plus grand désordre. Il fallut les reformer, avant de pouvoir les remettre en ligne.

Ainsi que nous le savons, le commandant de la 1re division de cavalerie avait, dès le début, lancé successivement trois escadrons du 1er dragons dans le flanc de la masse des cavaliers qui passaient à sa portée pêle-mêle, mais il avait en même temps fait sonner le ralliement pour la brigade de grosse cavalerie. L'escadron de droite du 1er cuirassiers, qui avait cédé auparavant sous le feu de l'artillerie, s'était reporté aussi en avant. Les cuirassiers de la division du sud furent à leur tour repoussés et poursuivis par les dragons confondus avec les hussards qui avaient pris part au combat, ainsi qu'avec un grand nombre de cavaliers de la brigade de grosse cavalerie, qui avaient suivi le mouvement sans s'inquiéter du signal de ralliement.

Mais, quand les vainqueurs se virent menacés d'être pris en flanc par les deux escadrons du 9e régiment de l'armée du sud qui n'avaient pas encore été engagés, ils s'arrêtèrent aussitôt et firent de leur côté demi-tour pour aller se rallier en arrière. Les deux escadrons du 9e régiment ne poursuivirent pas bien loin et s'arrêtèrent à peu de distance du chemin d'Oberseebach à Frohnackerhof, où l'on apercevait des masses de la 1re division de cavalerie déjà ralliées ; un escadron compact (le 4e du 1er dragons) se porta même à leur rencontre.

Il y avait eu sur ces entrefaites un autre combat un peu à l'est.

Là, les cinq escadrons de hussards, qui suivaient en échelon la première ligne de la 1re division de cavalerie, avaient été accueillis par le feu d'une batterie en position au sud-est de Frohnackerhof. Mais les colonnes des hussards ne formaient que des buts restreints et isolés qui s'avançaient rapidement et en droite ligne dans la direction même des pièces; celles-ci ne tardèrent pas, du reste, à se trouver masquées par le 5ᵉ cuirassiers de la division du sud qui débouchait en rasant la ferme et se déploya à droite. Ainsi que nous l'avons vu, les deux escadrons du 1ᵉʳ hussards (3ᵉ et 4ᵉ), qui couvraient la gauche de la brigade de grosse cavalerie, rencontrèrent le 5ᵉ cuirassiers, par lequel ils furent enveloppés sur leurs flancs et immédiatement refoulés. Les trois escadrons du 2ᵉ hussards avaient exécuté un mouvement de flanc et s'engagèrent un peu trop tard. Du reste, ils furent obligés, ainsi que leur 4ᵉ escadron qui opérait plus à gauche, de se jeter en partie sur les trois escadrons du 4ᵉ cuirassiers [1] qui arrivaient au galop. Le combat resta quelque temps indécis sur ce point, tandis que près de là le 1ᵉʳ hussards rétrogradait à toute bride. Le commandant de la 1ʳᵉ division de cavalerie jeta aussitôt trois escadrons de sa réserve (2ᵉ, 3ᵉ et 4ᵉ du 2ᵉ dragons) dans le flanc des combattants et força l'adversaire à faire demi-tour. L'effet de cette dernière charge se fit immédiatement sentir aussi à l'extrémité de la ligne; là également, les cuirassiers firent successivement demi-tour et suivirent le torrent des fuyards.

Les hussards sonnèrent le ralliement; mais les

[1] Le 4ᵉ escadron de ce régiment était détaché pour éclairer le flanc droit.

dragons, ainsi que les hussards de l'escadron de gauche du 2ᵉ régiment, continuèrent la poursuite, qu'ils ne tardèrent pas non plus à interrompre, quand ils se virent tout à coup pris en flanc par un escadron compact de cuirassiers. C'était l'escadron du 4ᵉ régiment qui avait été envoyé en reconnaissance au delà de Siegen.

Les hussards firent les premiers demi-tours, les dragons sonnèrent le ralliement qui ne put également s'effectuer qu'en arrière, les cuirassiers ennemis se contentèrent de sabrer ceux qui avaient poussé trop loin ou dont les chevaux étaient exténués et s'arrêtèrent à la hauteur de Frohnackerhof.

La batterie de l'armée du sud, qui se trouvait à cette aile, avait attelé ses pièces, dès qu'elle s'était vue masquée par ses cuirassiers, et avait attendu l'issue du combat; quand, au bout de quelques instants, elle vit sa cavalerie faire demi-tour, elle se retira à son tour au galop, laissant une pièce sur le carreau. Mais, quand l'attaque de flanc du dernier escadron de cuirassiers eut de nouveau dégagé le front et qu'elle vit le reste de cette brigade se rallier, elle se reporta vivement en avant et couvrit de ses obus le terrain où l'adversaire cherchait à se reformer.

Il nous reste à parler d'un petit épisode qui se dénoua dans l'intervalle, à l'ouest de la route de Fort-Louis.

Là se trouvait le 1ᵉʳ escadron du 1ᵉʳ dragons, qui s'était déjà porté avant l'attaque dans le terrain au nord-ouest d'Oberseebach. Couvertes par cet escadron, les trois batteries de la 1re division de cavalerie s'avancèrent jusqu'à la hauteur de Geisterhof, d'où elles répondirent au feu des deux batteries en position à l'ouest d'Oberseebach. La distance était de 1,800 mètres; mais le commandant avait eu soin de faire tirer quelques coups d'essai par la batterie de gauche et de calculer ainsi plusieurs distances en avant. Il était resté en tout trois minutes à l'artillerie jusqu'au moment où la première ligne de la 1re division (brigade de grosse cavalerie) fut déployée de l'autre côté de la route.

Lorsque la 2e brigade de la division de réserve (armée du sud) marcha sur cette première ligne, elle fut accueillie par le feu des trois batteries et forcée de se déployer sans retard. Grâce à ce concours de l'artillerie, il fut facile aux uhlans et aux cuirassiers de la 1re division de repousser cette première attaque. L'artillerie de l'armée du sud, de son côté, quoique moins bien placée, avait dirigé son feu sur la première ligne en marche de la 1re division de cavalerie, mais elle n'avait pu atteindre que l'escadron de droite, qui fut, il est vrai, complétement mis en désordre. Les hussards, qui remplacèrent cet escadron, furent entièrement masqués par la gauche du 7e cuirassiers.

Aussitôt après le choc, les pièces d'Oberseebach dirigèrent de nouveau leur feu sur les batteries opposées. La batterie de droite seule répondit, les autres se tinrent prêtes à recevoir les réserves de

6

l'adversaire. Celles-ci se présentèrent immédiatement ; le 8ᵉ cuirassiers resta néanmoins caché par les escadrons déjà aux prises et par le demi-à-droite qu'il avait exécuté, mais le 9ᵉ, qui s'avançait plus près de la route, fut accueilli par un feu des plus violents. Les deux escadrons de gauche ne purent même se déployer et furent en un instant dispersés par les obus.

Sur ces entrefaites, le 7ᵉ régiment de chasseurs avait cherché à entrer en action à l'ouest de la route. Un de ses escadrons avait mis pied à terre et occupé les pentes qui descendent à l'entrée d'Oberseebach ; les deux autres escadrons qui se tenaient à l'ouest des pièces, s'approchèrent sur deux lignes de la hauteur 190 et essayèrent brusquement de se précipiter derrière la hauteur. Mais ils furent accueillis par le feu de la batterie de droite de l'adversaire et en même temps par le feu des chasseurs de la station du chemin de fer qui avaient occupé une petite crête près de là. L'escadron de soutien (le 1ᵉʳ du 1ᵉʳ dragons) s'était en même temps aussi porté à leur rencontre.

L'escadron de tête des chasseurs céda sous ce feu croisé et se rallia sur son deuxième escadron. En les voyant lâcher pied, les dragons n'avaient lancé sur eux que leur 4ᵉ peloton. En présence du renfort de l'adversaire, ce peloton s'arrêta bientôt dans sa poursuite, et le combat cessa sur ce point ; des deux côtés, chacun regagna son ancienne position.

Après cet exposé général, nous allons examiner les principales phases du combat; nous entrerons ensuite dans les détails.

Ainsi que nous l'avons déjà dit, ce combat ne fut qu'un grand duel de cavalerie sans résultat décisif; on avait lutté à forces égales; des deux côtés, nul n'avait cédé à l'adversaire, ni en valeur, ni en habileté.

En ce qui concerne la direction générale, on s'était, il faut le reconnaître, appliqué à une certaine simplicité. On a assigné une bonne direction aux brigades et chacune, de même que l'artillerie, a eu sa mission spéciale à remplir et s'en est acquittée sans jamais la perdre de vue; la réserve est entrée en ligne en temps opportun sur les différents points où son action devenait nécessaire; enfin, le ralliement s'est fait au moment voulu.

La nature du terrain était aussi favorable qu'on peut le désirer pour des combats de cavalerie. On disposait de forces à peu près égales, et les troupes étaient également braves; il s'agit de savoir si le commandement, sans compliquer inutilement les dispositions, pouvait l'emporter chez l'un ou chez l'autre et si cela aurait changé le résultat.

Le talent du général consiste uniquement à diriger ses troupes de manière à faire produire au choc tout son effet. *Ce résultat ne peut s'obtenir que par d'habiles évolutions exécutées pendant la marche même qui précède l'attaque.*

On ne peut nier qu'il n'y ait dans la nature

des hommes et des choses une certaine répugnance contre les évolutions. Il est certain que
le moyen le plus simple est de se déployer dès
qu'on s'approche de l'ennemi et de le renverser
par un choc puissant. Mais, sans parler de la
solidité et de l'habileté des troupes, il est certain
aussi qu'il faut un coup d'œil exercé, un grand
sangfroid et une grande fermeté de résolution
pour rompre sa ligne en présence de l'adversaire
qui s'approche sur un front imposant, gagner ses
flancs et faire ainsi agir ses troupes de la manière
la plus efficace.

C'est là précisément ce qui constitue la différence
entre une direction médiocre et, pour parler plus
exactement, entre la direction habituelle et une
bonne ou une excellente direction. Pour le général de génie, il est facile d'habituer ses troupes
aux évolutions et d'en faire usage au moment
décisif. Mais un général moins bien doué peut
obtenir le même résultat par l'exercice; il ne s'agit
pas, à cet effet, de recourir à des formations com-
pliquées; il suffit de savoir employer convenablement les formations réglementaires. Il est d'autant
plus nécessaire de se familiariser avec leur emploi
que notre cavalerie a perdu avec le temps l'habi-
tude de manœuvrer en grandes masses. Si on la
réunit souvent par division et qu'on donne à son
instruction l'impulsion voulue, toute difficulté dis-
paraîtra et avec elle la répugnance ordinaire qu'on
montre pour les évolutions, car, dans l'exécution,
il n'y a de difficile que ce que l'on ne sait pas.

Mais si l'on possède parfaitement les formations réglementaires, si on les a pratiquées longuement et judicieusement, on saura très facilement, et même en présence du danger, prendre une résolution. Quant à nous, nous croyons qu'en agissant convenablement d'un côté ou de l'autre, le résultat eût été décisif, et nous allons le démontrer en traçant un tableau des événements qui auraient pu se produire, et en les comparant avec celui qui est donné par le texte.

Reportons-nous, à cet effet, au point où se trouvait la 1re division de cavalerie au début; au moment où elle se porta en avant, elle avait sa droite appuyée à la route, et voyait la première ligne de l'adversaire à une assez grande distance devant elle. On comprend facilement que, même à d'aussi grandes distances, il y ait une certaine *attraction* naturelle entre les deux adversaires et qu'ils se dirigent l'un sur l'autre. C'est cette impression irrésistible qui pousse la brigade de grosse cavalerie à converser légèrement à gauche, et aurait pu entraîner aussi la première ligne de l'adversaire à faire un mouvement analogue.

Mais le deuxième point, la question capitale qui doit absorber l'attention du commandant de la brigade de grosse cavalerie, devient plus pressante à chaque pas qu'on fait en avant; comment va-t-il diriger ses troupes pour donner au choc toute sa puissance? Il est évident que le meilleur moyen est de prendre l'ennemi en flanc.

Il est essentiel sans doute que l'attaque s'exécute à toute vitesse et à rangs serrés, mais les évolutions n'excluent en rien cette condition, car elles n'ont pour but que de chercher à produire le choc sur la partie la plus vulnérable de l'adversaire. Nous voici donc arrivés au moment où l'on doit recourir aux évolutions et où l'on doit se procurer les chances les plus favorables. Reste à savoir maintenant sur quelle aile il vaut mieux diriger son attaque dans le cas présent.

D'après la situation, telle que nous l'avons exposée, il semble que le meilleur serait d'attaquer le flanc droit de l'adversaire. On peut invoquer à l'appui de cette opinion les considérations suivantes :

La nécessité de se mouvoir librement est d'abord un élément indispensable à l'action de la cavalerie. Il n'y a ici de terrain favorable et suffisant qu'en appuyant à l'est. A l'ouest, le terrain est étranglé par la route et se prête moins aux mouvements de la cavalerie. Ajoutez à cela qu'elle s'exposerait complétement au feu de l'artillerie ennemie et masquerait celui de ses propres batteries. Or, l'artillerie peut exercer une action des plus importantes et même décisive ; un général de cavalerie doit savoir tenir compte de l'effet de son artillerie et ne pas perdre de vue que cet effet sera d'autant plus grand que les batteries ne seront pas exposées à changer souvent de position.

Si la brigade de grosse cavalerie avait cherché à gagner le flanc droit de l'adversaire, celui-ci restait exposé aux coups de notre artillerie jusqu'au

moment même du choc. Il est même probable que
le feu de ces 18 pièces l'aurait forcé à faire demi-
tour auparavant ; en tout cas, il eût été tout au
moins fort ébranlé.

Il y a encore une autre raison déterminante
pour prononcer son attaque dans le flanc droit de
l'adversaire : c'est que les lignes qui suivaient sa
première ligne débordaient son aile gauche. La
brigade de grosse cavalerie pouvait, par conséquent, par un à-gauche ou un simple demi-à-
gauche, échapper à l'attaque de ces lignes, et si
elle réussissait dans son attaque, les 6e et 7e cuirassiers seraient probablement refoulés vers le
sud-ouest sur les 8e et 9e régiments, et de là, de
l'autre côté de la route sous le feu à bonne portée
de l'artillerie, obligés de rechercher un refuge
dans le ravin d'Oberseebach.

Dans ces conditions, il était en tout cas plus
avantageux que le commandant de la brigade de
grosse cavalerie cherchât à agir contre le flanc
droit des régiments qui marchaient d'abord à lui.
Il appartenait, du reste, au général de division
de faire sentir dans ce sens l'action du commandement. S'il ne le fait pas en pareil cas, il abdique
une partie de son rôle, il se voit alors forcé de
subir l'initiative du commandant de la brigade de
grosse cavalerie et ne peut plus que régler en
conséquence les mouvements des autres brigades.
Les deux brigades légères devaient, d'ailleurs,
respectivement se régler ou être réglées d'une
manière ou d'une autre sur les mouvements de la

brigade de grosse cavalerie, si ceux-ci s'exécutaient ainsi que nous le proposons.

On comprend facilement que le demi-à-gauche
de la brigade de grosse cavalerie. imposait le
même mouvement à la deuxième ligne. Par
contre, c'était au commandant de la division à
donner l'ordre à la *brigade de dragons* de se rapprocher de l'une des ailes. Il était tout indiqué
qu'elle serait beaucoup plus utile derrière l'aile
droite de la brigade de grosse cavalerie, en la
débordant complétement. L'aile découverte de la
division eût été alors protégée et la réserve avait
toute facilité pour porter quelques escadrons en
ligne aux points voulus et y produire un effet
décisif, sans compter qu'on avait encore l'immense avantage de pouvoir percer le centre de
l'adversaire. En outre, la réserve se trouvait alors
sur le terrain même qu'il était indispensable de
conserver pour assurer la retraite et d'où elle pouvait en même temps dégager les autres brigades
par des attaques de flanc, en cas d'insuccès dans
leur attaque.

Quant à la deuxième ligne, la brigade de hus-
sards, il n'était pas nécessaire qu'elle appuyât à
gauche au moment même où la brigade de cavalerie passa à l'attaque. Dans l'exposé donné dans
le texte, la brigade exécute déjà une sorte d'évolution en lançant deux escadrons sur le front du
5e cuirassiers et en en jetant quatre autres dans
le flanc du 4e régiment qui le suivait. Mais cet
n'était là qu'une demi-mesure; si elle eût été complète, le succès eût été plus considérable.

Cette attaque de front, exécutée par les deux escadrons du 1er hussards, ne paraît, en effet, nullement motivée ; les six escadrons, formés obliquement en colonnes par pelotons sur l'escadron de gauche, pouvaient plutôt chercher à gagner les flancs du 5e cuirassiers. Trois ou quatre escadrons au plus se seraient déployés et jetés sur ce régiment ; les trois (ou deux) autres auraient formé la réserve et marché à la rencontre du régiment suivant (trois escadrons du 4e cuirassiers). Les pentes de Schleithal [1] auraient dérobé ce mouvement aux yeux de l'adversaire qui se trouvait encore, au moment où il aurait commencé, au sud du chemin de Frohnackerhof à Schleithal ; on l'aurait surpris d'autant plus facilement que son attention devait être forcément attirée par le choc de ses 6e et 7e cuirassiers avec la brigade de grosse cavalerie. — D'après le croquis, à 10 h. 36 m., les hussards sont encore à 1,700 m. en ligne droite des cuirassiers ; chacun des deux adversaires a donc encore 900 m. à parcourir avant le choc. En supposant qu'ils les fissent au galop, les cuirassiers se seraient trouvés, après avoir parcouru cette distance, au point indiqué sur le croquis par un petit cercle O et les hussards à +. Là, les premiers étaient encore à 400 m. du point où avait déjà eu lieu le choc des 6e et 7e cuirassiers avec la brigade de grosse cavalerie et les hussards à 240 m. au plus de la gauche

1. Voir la carte de la 1re partie.

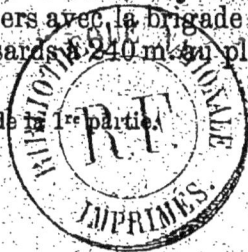

du 5ᵉ cuirassiers. En se déployant au galop et chargeant aussitôt, ils avaient presque la certitude de repousser les cuirassiers sur la masse qui était déjà aux prises à l'ouest et qui serait refoulée elle-même vers l'ouest ou le sud-ouest. Il n'en serait pas moins toujours resté trois escadrons disponibles qu'on pouvait employer contre le 4ᵉ cuirassiers.

En tout cas, le commandant de la brigade de hussards était en mesure de faire exécuter le mouvement que nous venons d'indiquer, puisqu'il avait appris de bonne heure l'approche des cuirassiers ennemis à l'est de Frohnackerhof, c'est à dire, avant le premier choc général.

On pourrait objecter, il est vrai, que si l'adversaire avait su opérer autrement, il aurait peut-être été en mesure de parer à temps aux mouvements que nous avons esquissés. Mais cela n'infirme en rien la preuve que celui des deux adversaires qui est le plus habile dans les évolutions, a beaucoup plus de chances de faire tourner le combat en sa faveur.

Supposons maintenant qu'on ait échoué et, par conséquent, que la première ligne ait d'abord été repoussée. Même avec l'exposé du texte, elle pourrait être refoulée vers le nord-est par l'entrée en ligne des échelons de gauche de l'adversaire; avec le mouvement que nous proposons, cela serait même assez probable; mais un mouvement rétrograde dans cette direction exposait la brigade de hussards au danger d'être entièrement boule-

versée, si elle n'exécutait pas complétement le
mouvement dont nous avons parlé. Si, au contraire, ce mouvement lui réussissait, le 5ᵉ cuirassiers était rejeté sur les masses aux prises et les
auraient forcées au moins à s'arrêter, si ce n'est
même à faire demi-tour.

Un emploi habile des réserves devait donc faire
tourner le combat en faveur de la 1ʳᵉ division de
cavalerie. En supposant même que l'attaque de
flanc des hussards n'eût pas réussi, et qu'ils
eussent été ramenés, on avait toujours la possi-
bilité de lancer quelques escadrons de dragons
dans le flanc gauche et sur les derrières des
masses qui tourbillonnaient vers le nord-est et
de les forcer à s'arrêter ; on pouvait dégager
ainsi la brigade de grosse cavalerie et la brigade
de hussards, et changer la tournure du combat.
Cela n'était possible, évidemment, que si la réserve
se trouvait derrière une des ailes, et non derrière
le centre. Ainsi que nous l'avons déjà remarqué,
sa vraie place, dans les circonstances actuelles,
était derrière l'aile droite.

, Si le combat avait pris une bonne tournure dès
le début, il est probable que l'arrivée de quelques
escadrons de dragons aurait suffi pour produire
rapidement un effet décisif. Cinq escadrons de
cette brigade, peut-être même toute la brigade,
avec ses sept escadrons, auraient été alors prêts
à marcher en masse pour recueillir les fruits de
la victoire, de concert avec les escadrons des ailes
des autres brigades lancées à la poursuite. Si le

gros de la brigade de grosse cavalerie et de la brigade de hussards se ralliait sur ces entrefaites avec toute la rapidité désirable, le combat eût produit probablement de brillants résultats et l'adversaire aurait reculé en toute hâte jusqu'à l'Engelbach.

Dans le courant du combat, la brigade de grosse cavalerie eut bien un instant, il est vrai, la tentation de menacer le flanc de l'adversaire, mais elle n'en fit rien, tandis que la brigade de hussards ne prit qu'une demi-mesure. Il y eut ainsi en tout douze escadrons des première et deuxième lignes employés à l'attaque de front. Or, les attaques de front n'aboutissent généralement, toutes choses égales d'ailleurs, qu'à ces duels de cavalerie indécis qui dégénèrent en une ferraillerie grandiose, suivie de pertes considérables, et ne produisent aucun résultat utile pour l'intérêt général.

Les attaques de flanc seules peuvent donner au combat de cavalerie un caractère décisif; le grand Frédéric ne cesse d'insister sur ce point dans ses instructions; ce sont elles qui ont fait la gloire de Seydlitz.

Après avoir examiné à grands traits le combat de cavalerie que nous étudions, nous allons maintenant entrer dans les détails.

Nous avons déjà exposé le caractère général du combat de cavalerie dans la deuxième partie de ces études à l'occasion du combat d'Hohwiller. Nous allons nous occuper maintenant des fractions de la division, c'est à dire des lignes formées par les différentes brigades, dans leur rôle spécial, ainsi que dans leurs rapports avec l'ensemble.

Nous avons choisi ici avec intention la formation adoptée par le nouveau titre V du règlement d'exercice de la cavalerie prussienne; il ne s'agit pas d'inventer de nouvelles formations, mais il est du plus haut intérêt de voir comment les formations et les grandes lignes tracées par le règlement répondent aux exigences de la réalité, autant qu'on peut le préciser par de simples considérations théoriques. La division s'avance donc sur trois lignes, chaque ligne composée d'une brigade.

La première ligne.

Considérons d'abord la première ligne.

Elle se compose des huit escadrons de la brigade de grosse cavalerie; à 120 mètres derrière chaque régiment marche, comme soutien, un escadron de hussards tiré de la deuxième ligne. La brigade se porte en avant déployée en ligne de colonnes. Comme on avait eu tout le temps nécessaire pour prendre ses dispositions, on avait placé la brigade de grosse cavalerie en première ligne, afin de donner, au premier choc toute la puissance possible. Il est inutile de démontrer la supériorité dans la charge de la grosse cavalerie sur la cavalerie légère. Cependant cet avantage est bien compensé en campagne par quelques inconvénients : elle a moins d'aptitude à supporter les fatigues, à gravir les terrains escarpés, à sauter les obstacles, etc.

Au départ, il est impossible de prévoir où aura lieu le premier choc avec l'adversaire et même d'affirmer qu'une rencontre se produira. La brigade n'a donc tout d'abord qu'à suivre la direction générale où l'on s'attend à rencontrer l'ennemi, et à marcher dans une formation concentrée et dans le plus grand ordre. On se maintiendra dans des allures modérées; les intervalles perdus se reprendront en marchant. Afin de ne pas gêner le feu de l'artillerie, on a fait appuyer l'aile droite à la route, et avant de s'ébranler, la brigade a été placée perpendiculairement à sa direction.

Mais il ne faut en aucune façon compter qu'on pourra pendant la marche maintenir la direction prise au départ; au contraire, on aura presque toujours à la modifier. On voit bien l'ennemi devant soi, mais la distance est encore trop grande pour reconnaître sa formation; peut-être aperçoit-on un nombre considérable de colonnes d'escadrons, mais sans pouvoir distinguer combien il y en a en première et en deuxième ligne. L'adversaire a d'ailleurs encore le temps de modifier sa formation ou de changer la direction de ses mouvements.

La première ligne est donc déjà forcée d'exécuter différentes évolutions, à mesure qu'elle s'approche de l'adversaire ou qu'elle constate ses dispositions. Il faut ajouter à cela que, dans notre exemple, la route forme immédiatement un coude et que sa nouvelle direction forme avec celle de la ligne de bataille un angle aigu qui nécessitera un demi-à-gauche.

L'on aperçoit bientôt le 6e cuirassiers qui débouche du bas-fond du Warschbach, sa droite à la ferme de Frohnackerhof; le 7e régiment le suit en échelon. Ces deux régiments s'étendent sur une ligne de 650 à 700 mètres; la distance de la ferme à la route est d'environ 1,000 mètres; leur gauche se trouve donc encore à quelques centaines de mètres de la grande route et exposée à être enveloppée par le 1er cuirassiers. Mais, d'un autre côté, l'adversaire pourrait envelopper la gauche des uhlans.

A cela on pourrait répondre que la brigade de hussards suit notre aile gauche en deuxième ligne et que c'est à elle à la soutenir. Mais on ne met pas de gaîté de cœur une partie de ses forces dans une situation périlleuse et on préfère parer au danger avec ses propres ressources; dans tous les cas, on est assuré de cette façon que les mesures prises ont un effet réel, tandis que la protection qu'on attend d'une troupe de soutien peut souvent faire défaut, si les circonstances entraînent cette troupe dans d'autres directions. Il eût peut-être été préférable que le commandant de la brigade de grosse cavalerie cherchât à embrasser le flanc droit de son adversaire; néanmoins on ne peut que l'approuver de tenter au moins de soustraire son aile gauche au mouvement qui menaçait de l'envelopper. Il fait donc faire un huitième d'à-gauche par régiment, déploie les deux régiments aussitôt après et marche à l'attaque. Si l'ennemi ne pare pas immédiatement à ce mouvement par un mouvement analogue, la brigade de grosse cavalerie tombera avec toute la puissance de son choc sur le 7° cuirassiers et l'autre régiment de l'adversaire tout à fait en l'air devient, en outre, une proie facile pour nos hussards. Pendant que le régiment de uhlans exécutera ainsi la première attaque, le 1er cuirassiers qui suit en échelon à quelques pas en arrière, se conformera à son mouvement et arrivera en ligne immédiatement.

Quoi qu'il en soit, la conduite du général en cette circonstance est loin d'être parfaite, en ce sens qu'il se préoccupe exclusivement de *parer au danger qui le menace*. Il faut certainement tenir compte de cette considération ; mais, en premier lieu, il faut *songer à menacer soi-même l'adversaire*, sinon on se laisse uniquement imposer les mouvements par ce dernier.

Le mouvement de conversion de la première ligne a formé les deux régiments en deux échelons ; à cela il n'y a rien à dire. Si le général voulait faire d'abord exécuter ce mouvement par toute sa brigade, et ensuite marcher aussitôt à l'attaque avec ses deux régiments, le mouvement aurait demandé un certain temps, pendant lequel l'adversaire aurait pu prendre ses mesures pour conjurer le danger.

Mais si l'on croit plus avantageux de se présenter à l'ennemi en faisant une évolution habile que par une simple marche directe, on pourra recourir aussi à ce moyen jusqu'au moment même où la distance respective à laquelle arrivent les deux adversaires exige que l'on passe à l'attaque. Pour que cette attaque se fasse dans les meilleures conditions, il faut, par conséquent, que la sonnerie « au galop » suive immédiatement la sonnerie du déploiement. *L'essentiel, c'est qu'il reste assez d'espace à parcourir au galop de charge pour que le choc se produise avec toute sa puissance* [1]. Il suffit, du reste, de 80 ou 120 mètres.

Plus on reste longtemps en ligne de colonnes, plus la ligne a de facilité pour évolutionner pendant sa marche.

Comme le prouve l'exemple cité dans la brochure, on ne doit même pas y renoncer, quand on a une ligne déployée, et l'on peut se trouver bien de recourir à la colonne par peloton ou à un mouvement oblique par peloton. Il est évident

---

[1] Nous citerons, comme exemple, le passage suivant de la brochure du major Kaeler (Berlin, 1873), intitulée : *La cavalerie au combat de Vionville et Mars-la-Tour* : « Le commandant du 13e dragons prussiens s'aperçut bientôt que les hussards ennemis cherchaient à gagner le flanc droit de son régiment. Pour parer le mouvement, il fit par pelotons à droite, se prolongea un certain espace au trot, fit déployer et se jeta immédiatement au galop sur l'adversaire qui s'avançait . . . .
Le 7e hussards français tomba en partie dans le vide ; le reste alla se heurter contre un régiment ennemi, qui arrivait brusquement en colonne serrée, et fut culbuté.

7

qu'il peut souvent être utile de se déployer de bonne heure, quand on se trouve sous un feu violent d'artillerie; mais même dans ce cas, il suffit généralement de faire quelques changements de position, qui sont toujours plus faciles à exécuter par des colonnes. Il n'est même pas toujours nécessaire de déployer toute une brigade, surtout quand il n'y en a qu'une partie exposée au feu de l'ennemi.

Les escadrons des ailes peuvent, d'ailleurs, jouer un rôle important lors de l'attaque. Nous avons déjà indiqué dans la deuxième partie combien il importe d'embrasser une des ailes de l'adversaire. Les escadrons des ailes auront maintes occasions de menacer ainsi l'adversaire ou de s'opposer à un pareil mouvement de sa part, s'ils savent y veiller et s'ils sont bien commandés. Pour cela, il faut que l'escadron qui opère ainsi se sépare momentanément du reste du régiment. S'il voit, par exemple, un escadron se détacher de la ligne opposée et chercher à la couvrir en se dirigeant sur notre flanc, il doit rompre en colonnes et parer à cette attaque, car c'est la plus dangereuse. Si nous débordons la ligne de l'adversaire, il est évident que notre escadron devra se jeter tout entier, ou en partie, sur ses flancs et ses derrières. En supposant même que les deux lignes qui marchent l'une à l'autre aient un même front, il n'en devra que faire plus d'efforts pour faire sentir son concours. Il pourra aussi, dans ce cas, élargir l'intervalle qui le sépare de l'escadron voisin et se mouvoir de manière à gagner les flancs de l'adversaire. Son choc aura une influence beaucoup plus décisive que s'il s'était produit dans une direction normale.

Ce rôle exige donc déjà une initiative intelligente de la part du commandant de l'escadron. Il ne suffit pas de galoper avec la masse et d'attendre les ordres de son chef direct. Dans les combats de cavalerie, les occasions ne durent qu'un instant ; il ne s'agit pas d'attendre des ordres qui peuvent fort bien ne pas arriver à temps. Il importe donc que les mouvements de l'escadron soient en complète harmonie avec le but général ; son chef doit prendre lui-même l'initiative et agir en conséquence.

Il est évident que des mouvements de ce genre ne peuvent produire d'effet que s'ils sont exécutés en temps opportun. De là la nécessité pour les escadrons des ailes d'avoir une certaine indépendance par rapport au reste de la ligne et d'opérer en dehors du front. Ce n'est que de cette manière que leurs chefs pourront juger la situation et profiter des quelques instants, nécessairement très courts, dont ils peuvent disposer, d'autant plus que ces escadrons devront presque toujours prendre des allures vives, même avant les autres escadrons de la brigade.

Dans les rencontres de grandes masses de cavalerie, ces mouvements exigent toutefois une certaine précaution, surtout à l'aile qui n'est pas soutenue par la deuxième ligne. Si, en effet, l'adversaire a une troupe de soutien derrière lui, il peut facilement arriver que l'escadron qui opérera comme nous l'avons dit, soit lui-même pris en flanc par ce soutien, avant d'avoir produit son effet.

Il résulte de ces considérations que l'exécution de la première attaque n'est pas aussi simple qu'on se le figure généralement. L'importance capitale de la première attaque est évidente. Mais si l'on veut mettre de son côté toutes les chances qui sont dans le pouvoir de l'homme, il faut précisément un coup d'œil sûr pour reconnaître les formations de l'adversaire et deviner ses intentions, pour apprécier le temps et les distances, pour juger les limites dans lesquelles on peut encore recourir impunément aux évolutions; il faut que la décision tombe comme l'éclair, il faut enfin avoir des troupes éprouvées et manœuvrières.

Avec de pareilles troupes, un général de talent peut faire des évolutions même jusqu'au dernier moment, et cela avec d'autant plus d'assurance que des exercices bien compris auront plus développé son aptitude à manier les masses. *L'habileté manœuvrière des escadrons du grand Frédéric était leur plus sûr garant de la victoire!*

L'entrée en ligne des *escadrons de soutien* suivit immédiatement le choc des uhlans avec les cuirassiers de l'adversaire, mais elle s'opéra d'une manière différente aux deux régiments de la brigade de grosse cavalerie. Au 1ᵉʳ régiment de cuirassiers, l'escadron de droite cède sous le feu de l'artillerie dirigé sur lui ; le vide est aussitôt comblé par l'escadron de soutien (1er du 1er hussards). Cette mesure paraît d'autant plus rationnelle que le 1er cuirassiers doit se porter contre le deuxième échelon de l'adversaire (7e cuirassiers), sinon, celui-ci l'aurait débordé d'un escadron.

Le 2e escadron de hussards qui servait de soutien au régiment de uhlans a dû, lui, agir tout différemment. Ce régiment exécutait son attaque avec calme et en ordre ; il ne s'était pas formé de vides de nature à réclamer l'entrée en ligne de tout ou partie de l'escadron de soutien. Ce dernier s'était ainsi conformé aux mouvements du régiment et avait toujours conservé sa distance de 120 mètres. Il s'était déployé en même temps que lui et s'était arrêté au moment où les uhlans passaient à la charge. Comme les cuirassiers de l'adversaire avaient été plus éprouvés par les batteries que les uhlans, ceux-ci restèrent aussi plus concentrés au moment du choc. La plupart des cuirassiers furent d'abord repoussés, mais un certain nombre perça la ligne des uhlans sur différents points. Le commandant de l'escadron de soutien fit faire aussitôt un demi-à-droite et un demi-à-gauche à deux de ses pelotons et les lança sur ceux qui avaient traversé la ligne. Lorsqu'il s'aperçut un instant après que le combat était plus violent au 4e escadron, il s'y jeta lui-même avec les deux autres pelotons. Cette charge suffit pour forcer l'adversaire à faire aussi demi-tour sur ce point.

De cet exposé ressort clairement la nécessité, sinon de prendre les escadrons de soutien dans la première ligne, tout au moins de les mettre sous
les ordres du commandant de cette ligne. On pourrait peut être se demander s'il vaut mieux prendre
les deux escadrons de soutien au 1ᵉʳ hussards ou
en désigner un dans chacun des deux régiments.
Cela dépendra généralement des circonstances
dans lesquelles se trouvera la division au moment
de prendre la formation de combat; on les em-
pruntera alors tout naturellement à la ligne qui
se trouve le plus à proximité.

Ainsi que nous l'avons vu, la première rencontre des uhlans avec l'adversaire eut lieu à
10 h. 37 m. Celui-ci (6ᵉ cuirassiers de la division
de réserve) était soutenu par le 7ᵉ cuirassiers qui
marchait à 120 mètres en arrière sur la gauche,
tandis que le 8ᵉ cuirassiers de la brigade du
1ᵉʳ corps d'armée le suivait directement. Ce dernier se trouvait dans le principe à 500 mètres de
distance; mais la réserve avait exécuté ses mouvements avec plus de calme, elle n'avait pris le
galop qu'un peu plus tard et le 8ᵉ régiment avait
lui-même un peu appuyé à droite, afin de ne pas
rester immédiatement derrière les combattants,
de sorte que cette distance s'était légèrement augmentée et était maintenant de 600 mètres environ.

Par suite, la rencontre de l'aile droite (1ᵉʳ cuirassiers et un escadron de hussards) de la 1ʳᵉ division
de cavalerie avec le 7ᵉ cuirassiers eut lieu de
10 h. 37 m. à 10 h. 38 m.

Sur les deux points, tant au 1ᵉʳ uhlans qu'au 1ᵉʳ cuirassiers, l'adversaire fut culbuté, et une nuée de cavaliers galopait dans la direction du sud, mais le mouvement de cette masse, confondue pêle-mêle, ne tarda pas à se ralentir. Le 8ᵉ cuirassiers s'était déployé sur ces entrefaites et vint ainsi heurter le régiment de uhlans une minute après, c'est à dire· à 10 h. 38 m., à 280 mètres au sud du point où s'était produit le choc du 6ᵉ cuirassiers. Environ une demi ou trois quarts de minute plus tard, le 1ᵉʳ cuirassiers fut abordé aussi par deux escadrons du 9ᵉ cuirassiers qui constituaient la dernière réserve de l'adversaire.

Les deux régiments de la brigade de grosse cavalerie furent donc, ainsi que leurs escadrons de soutien, engagés dans une mêlée des plus sérieuses, dans laquelle la supériorité du nombre (14 escadrons contre 9), le bon ordre de l'attaque, ainsi que la direction donnée aux dernières troupes arrivées en ligne, étaient en faveur de l'adversaire.

On peut se demander si cette *situation momentanément défavorable* pouvait être évitée par la 1ʳᵉ division de cavalerie.

La réponse viendra plus tard, quand nous aurons examiné le rôle des deuxième et troisième lignes; en attendant, il serait assez intéressant de rechercher si la brigade de grosse cavalerie avait les moyens d'échapper à cette fâcheuse situation, du moment qu'elle s'était abstenue de diriger son attaque contre le flanc droit de l'adversaire.

Nous croyons devoir répondre négativement à cette question.

La situation eût été évidemment tout autre, si l'adversaire avait fait demi-tour avant le choc. La brigade de grosse cavalerie serait restée tout entière dans les mains de son chef et il eût suffi de quelques escadrons pour la poursuivre l'épée dans les reins et compléter sa défaite. Le règlement pourrait parfaitement désigner les escadrons qui doivent suivre en pareils cas, ou en laisser le soin au commandant du régiment dans des moments donnés. En tout cas, il semble préférable de prendre les escadrons des ailes.

Dans le tableau imaginaire que nous avons esquissé, nous avons supposé une pénétration réciproque des cavaliers des deux adversaires, et cela afin de faire ressortir les situations les plus difficiles que le commandement ait à surmonter. *Mais le désordre est inséparable de toute mêlée de cavalerie; le vainqueur, pas plus que le vaincu, ne peut s'y soustraire* et l'attaque victorieuse se dessine comme telle, simplement par le refoulement général de l'adversaire, qui reflue en masse en arrière, cherche à se soustraire au combat et finit par prendre la fuite.

Dans notre exemple, nous avons compté une minute en plus au 1er uhlans et au 1er cuirassiers, et leur avons fait gagner 250 à 300 m. de terrain. C'est alors seulement qu'il eût été possible,

dans tous les cas, de confier la poursuite aux
escadrons des ailes et de faire rallier les autres.
Si l'on veut remettre ces derniers dans sa main,
il est indispensable de les rallier, car tous les
escadrons sont dans un certain désordre. Mais, en
ce moment, six nouveaux escadrons frais viennent
charger ceux de nos uhlans et de nos cuirassiers,
qui se sont acharnés à la poursuite, et rendent
le ralliement complétement inexécutable. Supposons le cas le plus favorable, que le commandant du régiment, qui marche en tête, reste
sain et sauf après la charge, qu'aucun cavalier
ennemi ne s'attache à sa personne et n'absorbe
son attention, qu'il puisse, par conséquent, distinguer immédiatement aux nuages de poussière
l'approche de la réserve de l'adversaire, supposons même qu'un trompette soit resté à ses côtés
et qu'on puisse sonner rapidement le ralliement,
ce signal ne sera guère entendu que par un nombre
assez restreint de cavaliers, la masse encore aux
prises avec l'adversaire ne pourra nullement se
rendre à l'appel dans le moment même. Or, il ne
s'agit ici que de quelques instants, et les moments
sont pressants, car, en un clin d'œil, nos cavaliers
vont aller se heurter aux troupes fraîches de l'ennemi, qui s'approchent au galop.

Si le ralliement se fait au point où le colonel a
placé son fanion, il n'aura guère réuni qu'une
poignée d'hommes, quand arrivera le nouvel adversaire. Si, au contraire, il veut le faire à quelques centaines de mètres en arrière, il lui sera

tout aussi impossible d'arracher à leur proie ses cavaliers victorieux. Dans les deux cas, le signal n'aurait pour résultat que de ramener à toute bride les uhlans qui ont pu l'entendre et se dégager, ce qui ne ferait qu'augmenter encore le désordre dans lequel ils se trouvaient. *Le premier succès obtenu se transformerait donc facilement, au bout d'une minute à peine, en un véritable échec.*

En pareille circonstance, il n'y a qu'une seule chance, c'est que les cuirassiers des 6° et 7° régiments, après avoir été repoussés dans leur première charge, se jettent sur les 8° et 9° régiments qui accourent à leur secours, y provoquent un certain désordre, et que le 1er cuirassiers, ainsi que le 1er uhlans, continuant leur poursuite, renversent aussi cette réserve de l'adversaire. Cette conjecture est d'autant plus probable que cette réserve a suivi directement la première ligne. Mais si l'on ne réussit pas à l'entamer par un choc vigoureux, le combat restera, du moins quelques instants, stationnaire, et les deuxième et troisième lignes des uhlans, etc., auront le temps et l'occasion d'arriver et de porter le coup décisif.

En principe donc, la première condition pour se rallier, c'est d'en avoir le temps. On ne peut, par conséquent, le faire que quand l'adversaire ou l'arrivée de nos soutiens le permettent. Mais vouloir se rallier en temps inopportun ne produit d'autre résultat que de faciliter la victoire à l'adversaire.

Nous ajouterons encore que, dans les rencontres de grandes masses de cavalerie, le ralliement ne peut pas non plus se faire toujours immédiatement à tous les moments désirables. *Cela n'infirme en rien le principe : de faire le ralliement immédiatement, dès que les circonstances le permettent.*

Au moment où l'adversaire fait demi-tour, soit volontairement, soit en y étant forcé par le combat, la poursuite ne doit se continuer que par une partie des forces, le reste se rallie au plus vite, *car ce n'est qu'avec des troupes compactes que le commandement peut faire sentir son action sur le cours d'un combat de cavalerie.*

Dans le cas présent, le signal n'a été donné ni par le commandant de la grosse cavalerie, ni par celui du régiment de uhlans. La première ligne de la division de cavalerie resta aux prises avec les deux brigades ennemies pendant près de quatre minutes (à compter du premier choc), de 10 h. 37 m. à 10 h. 41 m. A partir de ce moment, un reflux général de toute la masse vers le nord commence à se faire sentir et indique que les escadrons de la 1re division de cavalerie, qui combattaient sur ce point, n'étaient plus supérieurs à leurs adversaires; ce mouvement de recul s'opéra d'abord assez lentement; mais il ne tarda pas à augmenter sensiblement.

Les deux régiments de la brigade de grosse cavalerie ne formaient qu'une grande masse pêle-mêle avec leurs adversaires.

Ainsi que nous le savons, le général A. se vit

forcé d'amener des troupes fraîches pour changer la tournure des choses. Avant donc de poursuivre les événements de notre première ligne, nous allons étudier le rôle de son soutien le plus rapproché, c'est à dire de la deuxième ligne.

La deuxième ligne.

La deuxième ligne de la 1re division de cavalerie se compose, dans notre exemple, de deux escadrons du 1er hussards et de trois du 2e hussards. Le 4e escadron du dernier régiment, qui avait été envoyé en observation dès le début, se trouvait, il est vrai, à quelque distance ; mais il était néanmoins en mesure d'entrer en ligne à tout instant, de sorte que la force totale de la deuxième ligne se montait à six escadrons.

La mission principale de la deuxième ligne est de soutenir la première ligne, soit directement, en intervenant immédiatement dans le combat de la première, soit indirectement, en couvrant la marche ou l'engagement de la première ligne, lorsqu'elle est aux prises.

Maintenant, où doit-elle se placer et quelle doit être sa formation ?

Si la deuxième ligne suit directement la première, on pourra, sans doute, dans certaines circonstances, induire l'adversaire en erreur sur notre force. Il sera cependant généralement assez difficile d'empêcher ses patrouilles de la reconnaître. Du reste, même quand la deuxième se trouvera sur les flancs, il arrivera très souvent que l'on puisse dissimuler sa présence et dérober ses mouvements, du moins dans certaines limites, si l'on sait tirer parti du terrain. Dans notre exemple, les pentes qui descendent vers le Niederwald le permettaient parfaitement.

Ce qu'il y a de certain, c'est qu'elle ne peut produire d'effet utile que sur les flancs de la première, et que l'on perd facilement les occasions propices qui peuvent se présenter, si l'on ne veut la porter en avant et ne la déployer qu'au dernier moment, sans compter qu'on s'expose encore aux plus grands dangers. Les obus destinés à la première ligne atteignent la ligne suivante, même à une grande distance. Ensuite, le moindre désordre qui se manifeste dans la première ligne, se fait sentir dans celle qui la suit. Un malentendu dans l'exécution d'un ordre ou une évolution maladroite ne seront pas sans laisser de traces dans la deuxième ligne. Et s'il survient une panique, si une attaque soudaine ou un feu inattendu force la première à faire demi-tour, ou si enfin celle-ci échoue dans son attaque, les fuyards se précipitent sur la deuxième, qui ne peut plus se déployer et est entraînée avec la première, sans pouvoir la secourir, sans même avoir vu l'ennemi.

Il n'y a qu'un moyen de se mettre en garde contre un pareil danger, *c'est de renoncer, d'une manière absolue, à faire suivre la deuxième ligne derrière la première, quand on se trouve à portée de l'ennemi.* Il faut toujours la faire appuyer sur les flancs, quand on arrive à 1,200 m. au moins, et même à 1,600 m. de l'adversaire. Reste à savoir de quel côté elle doit appuyer.

Dans le combat d'Hohwiller, que nous avons décrit dans la deuxième partie, ainsi que dans celui de la division réunie, dont nous nous occupons en ce moment, cette question ne soulève aucune difficulté. Il en sera presque toujours ainsi. Ou bien le terrain prêtera lui-même son appui à l'une des ailes, comme cela eut lieu à Hohwiller, ou l'on sera soi-même protégé par l'ordre de bataille même, c'est à dire, par la présence d'autres corps de troupes. Mais, dans tous les cas, la division de cavalerie possède dans son artillerie les moyens suffisants pour assurer une de ses ailes. Dans le cas contraire, la formation adoptée par la 1re division de cavalerie la met à l'abri de tout danger de ce côté.

Si, par exemple, les deux artilleries sont employées sur un autre point du champ de bataille, et si la cavalerie de la division du sud, au lieu de déboucher par la route de Fort-Louis, prononce son attaque à l'ouest d'Oberseebach, la brigade de grosse cavalerie devrait faire un demi-à-droite. La brigade de dragons se mettrait en même temps en seconde ligne, en débordant la première à droite, tandis que la brigade de hussards formerait la réserve.

On peut remarquer, à cette occasion, que la formation, prise par la division pour se porter en avant, permet de parer à toutes les éventualités. Si, par exemple, l'adversaire débouchait tout à coup de la direction de Schleithal, la division n'aurait qu'à faire faire un à-gauche à ses brigades. Les hussards formeraient alors la première ligne, la brigade de grosse cavalerie la deuxième, en débordant à droite la première, et, enfin, les dragons resteraient en troisième ligne comme réserve.

Nous laissons au lecteur le soin de poursuivre l'examen des différentes hypothèses ; mais la formation sur trois lignes, composées chacune d'une brigade, et l'indépendance relative de chaque ligne, permettent de satisfaire avec toute la rapidité désirable à toutes les exigences, et donnent l'immense avantage de le faire toujours dans la même formation, à laquelle troupes et officiers sont déjà habitués. L'essentiel est que chaque brigade reste concentrée dans la main de son chef.

Nous repoussons donc encore ici le système des brigades accolées pour les deux brigades de tête, qui consiste à mettre ces brigades côte à côte, avec les régiments des ailes en échelons. Ce serait renoncer ainsi à la formation ternaire, sur laquelle repose principalement la grande mobilité de la division. La première et la deuxième lignes n'existeraient plus que de nom, avec une indépendance factice, et ne formeraient plus par le fait qu'un tout assez rigide sous une double direction.

Nous admettrons donc, dans les considérations

suivantes, que la deuxième ligne suit l'une des
ailes en la débordant, et nous allons examiner le
rôle qui lui incombe :

Il est d'abord désirable que la première ligne
soit soutenue, si l'adversaire qui marche à vous
a la supériorité du nombre et, par conséquent, la
déborde. Dans ce cas, la deuxième ligne doit déjà
fournir à la première un appui direct d'une façon
ou d'une autre. En tout état de choses, cet appui
sera le plus efficace, si la deuxième ligne peut
prendre en flanc la partie de la ligne opposée qui
déborde notre première ligne. Mais, pour atteindre ce résultat, on sera peut-être obligé de faire
un mouvement assez étendu, et alors on pourrait
fort bien arriver trop tard. Il y aura donc lieu
quelquefois de soutenir la première ligne de préférence par une action directe, en tenant plusieurs escadrons prêts à intervenir en première
ligne.

Si la deuxième ligne est à 240 m. de distance,
la chose ne sera possible que si ces escadrons
prennent le galop avant même que la première
ligne ne passe à cette allure. En supposant même
qu'ils ne puissent arriver à temps, leur approche
seule suffira pour forcer la partie débordante de
l'adversaire à se tourner contre eux et l'empêchera
ainsi de se jeter dans le flanc menacé de notre
première ligne.

Au reste, *le meilleur moyen de parer au danger
de se voir enveloppé par l'adversaire, c'est de faire
brèche dans la partie de la ligne qui vous menace,*

lorsque les circonstances ne permettent pas de recourir à une attaque de flanc. *Il n'en est que plus impérieux pour l'attaque de s'exécuter avec l'impétuosité et la cohésion voulues; telle est la première des conditions, celle à laquelle on revient toujours et sans cesse.*

Le prolongement de la première ligne par la deuxième est donc un moyen immédiat de dégager une aile menacée. Mais le danger d'une attaque de flanc, c'est à dire, sur le point le plus vulnérable d'une ligne en marche, peut aussi provenir de la deuxième ligne de l'adversaire ou de ses réserves, auxquelles notre deuxième ligne doit alors faire face. Il est difficile de dire combien de forces elle y consacrera, cela dépendra des circonstances. Dans notre exemple, on engage tous les escadrons présents de la brigade de hussards, parce que l'adversaire débouche en grandes masses à l'est du Warschbach. *Mais, dans tous les cas, le commandant de la deuxième ligne doit avoir soin de ne jamais en détacher plus qu'il n'est nécessaire dans le moment.* Il est fort exposé à se laisser entraîner à se jeter avec tout ce qu'il a sous la main sur les troupes fraîches qui surviennent : il est évident que les chances de la victoire seront d'autant plus grandes qu'on emploiera plus de forces pour briser la résistance de l'adversaire. Mais qu'on n'oublie pas que le combat de cavalerie, dans le court instant où le choc se produit, engendre le désordre, que toute direction disparaît, et que dans les instants suivants il survien-

dra peut-être de nouvelles exigences, auxquelles on
ne peut alors satisfaire que si l'on a encore sous
la main des escadrons frais et compacts à sa disposition.

La direction d'où débouche la brigade de droite
de la division du sud donne lieu à un deuxième
combat qui se livre à une certaine distance du
premier; ce fait se représentera souvent. A cette
occasion, les six escadrons de hussards essayent
encore de faire une espèce d'évolution. Cette évolution a sa raison d'être, et nous ne pouvons que
leur reprocher encore une fois de n'avoir pas exécuté leur mouvement de flanc avec tous leurs
escadrons et en profitant des pentes du Niederwald pour dissimuler leur mouvement.

Dans quelles limites est-il possible d'assurer la
simultanéité et la précision des attaques conver-
gentes? C'est un point qu'il faut éclaircir. Sur
les champs de manœuvres, on entend répéter sans
cesse: L'attaque de flanc ne s'est pas faite à point;
elle a défilé devant le front, où elle s'est échouée
en arrière de la première ligne. — Mais il en sera
toujours ainsi, attendu qu'on ne peut arriver à
une précision mathématique. Pour obtenir cette
exactitude, il faut une réunion de chances heu-
reuses, auxquelles il n'est donné à personne de
prétendre, surtout en campagne. Ainsi, il faut
que la troupe qui attaque de front soit aussi éloignée au moment de la charge que celle qui est
disposée contre le flanc de l'adversaire; il faut
que le terrain à parcourir soit le même dans les

deux directions; il faut que l'attaque de flanc ne soit pas aperçue à temps par l'adversaire, qu'il ne lui reste plus assez de forces pour y faire face, ou qu'il ne sache pas s'en servir, etc.

Si, par exemple, la première ligne a déjà pris le galop, comment un escadron de la deuxième ligne pourra-t-il tomber sur le flanc de l'ennemi *au moment même où la première l'aborde de front*. Avec la meilleure volonté du monde, il lui faut au moins 3/5 de minute, pour parcourir sa distance de ligne de 240 m., et si l'escadron doit faire une conversion, il n'arrivera même qu'une minute après la première ligne.

Il n'y a donc que des escadrons déjà en ligne sur le front qui puissent agir sur les flancs d'une façon efficace; si l'on a pu dérober son mouvement et qu'on puisse, par conséquent, se jeter à l'improviste sur le flanc de l'adversaire, le résultat n'en sera que plus décisif. Il semble dès lors beaucoup plus avantageux que l'attaque de flanc *précède* l'attaque de front, plutôt que de se faire simultanément. Dans le premier cas, le choc agit avec toute sa puissance sur l'adversaire, tandis que dans le dernier on va forcément heurter une partie de nos cavaliers qui se trouvent à l'aile du front d'attaque.

Du reste, même dans le cas où notre ligne fait demi-tour, ou se trouve encore aux prises, une attaque de flanc exécutée contre l'ennemi lancé à la poursuite, ou dans la mêlée même, ne peut qu'être de la plus haute utilité.

Nous n'avons parlé jusqu'ici que de l'intervention directe d'une fraction de la deuxième ligne dans le combat de la première. Mais, en général, quand de grandes masses de cavalerie en viennent aux mains, la deuxième ligne sera presque toujours l'objectif des lignes suivantes de l'adversaire. Si l'ennemi ne présente pas sa seconde ligne, c'est un devoir pour la nôtre d'aller la chercher et d'agir pour la paralyser.

Par conséquent, *dans les grandes rencontres de cavalerie*, on ne devra guère compter sur une intervention générale de la deuxième ligne dans le combat de notre première ligne. La situation se développera le plus souvent de telle sorte que celle-ci se trouvera déjà aux prises avec celle de l'adversaire, lorsqu'à côté d'elle, en avant ou en arrière, les secondes lignes s'aborderont une demi ou trois quarts de minute après.

La mission de la seconde ligne consiste donc alors à protéger les flancs et les derrières de la première, et l'on sera ainsi amené la plupart du temps, dans les grands engagements de cavalerie, à étendre considérablement le théâtre du combat. *Mais, dans ce cas encore, le commandant de la deuxième ligne ne devra jamais perdre de vue la règle indiquée plus haut et ne pas dépenser plus de forces que ne l'exige la situation du moment.* Cette régle n'exclut en rien les attaques de flanc à exécuter par des escadrons isolés ; c'est même pour les escadrons qui peuvent déjà se trouver détachés, comme le 4ᵉ du 2ᵉ hussards, le moment le plus propice pour faire sentir puissamment leur concours.

Il résulte de là que la deuxième ligne ne peut prendre part au combat de la première que dans le cas où celle-ci aurait fait demi-tour avant d'être abordée ou au moment même du choc, ou encore lorsque l'ennemi qu'on a devant soi n'aura aucune réserve, ou enfin, lorsque ses réserves sont encore trop éloignées.

Si notre première ligne tourne le dos à l'adversaire, il importe de la dégager immédiatement pour donner aux nôtres en fuite le temps de se rallier. La deuxième ligne détachera aussitôt une partie de ses forces et les lancera, si on lui en laisse le temps, dans le flanc de l'ennemi victorieux. Le reste de la ligne couvrira l'attaque, en se jetant au besoin sur les nouveaux escadrons que l'ennemi peut amener en ligne.

Si celui-ci n'a pas de deuxième ligne, ou si celle qu'il possède n'est pas à portée d'intervenir, il faut pouvoir appuyer directement la première qui se trouve déjà aux prises. On peut le faire, soit par l'attaque successive, soit par l'attaque simultanée de plusieurs escadrons. Ces escadrons dirigeront leur attaque sur les points où le combat se déchaîne avec le plus de violence, ou sur ceux où ils verront les nôtres faiblir, ou enfin sur ceux où l'adversaire aura fait brèche.

Si nous voulions appliquer les principes au combat de notre étude, nous pourrions dire que ce cas se serait présenté si, par exemple, la première brigade de la division de réserve de l'armée du sud n'avait pas encore atteint la rive gauche du Warschbach, au moment de la rencontre qui s'est produite au nord-ouest de Frohnackerhof.

Si l'adversaire n'avait pas cédé immédiatement sous le choc du 1er uhlans et du 1er cuirassiers, et qu'on fût resté aux prises pendant un certain temps, le succès se serait décidé beaucoup plus rapidement, si le commandant de la brigade de hussards avait lancé dans la mêlée les 3e et 4e escadrons de son 1er régiment, voire même, s'il le fallait, les 1er et 2e escadrons du 2e régiment. Le 3e escadron de celui-ci, auquel pouvait même encore se joindre l'escadron détaché sur la gauche (4e), aurait alors formé la réserve de la brigade.

Si l'on se place dans l'autre hypothèse, c'est à dire si l'on suppose que la brigade de grosse cavalerie, forcée peut-être par le feu de l'artillerie, eût fait demi-tour avant même d'aborder l'adversaire, les cinq escadrons de hussards auraient dû immédiatement faire un demi-à-droite et se jeter dans le flanc et sur les derrières des cuirassiers ennemis lancés à la charge. On dégageait ainsi rapidement la brigade de grosse cavalerie, on lui permettait de se reformer et on donnait le temps à la troisième ligne de conformer ses mouvements à la nouvelle situation. Il est évident que, même dans ce cas, il fallait appeler à soi le 4e escadron du 2e hussards, pour couvrir le flanc gauche des hussards.

Ces différents modes d'action de la deuxième

ligne permettent au commandant de la division
de garder aussi longtemps que possible sa réserve
intacte, c'est à dire sa troisième ligne, et de
parer à toutes les éventualités qui peuvent se produire dans un combat de cavalerie.

Nous ferons une dernière remarque : pendant
que toute sa deuxième ligne s'engage, le général
de division n'a pas été un seul instant en mesure
de donner un ordre au commandant de la brigade
de hussards. Ce n'est que par hasard qu'il a pu
lui signaler l'approche des cuirassiers ennemis
qui s'avançaient à l'est du champ de bataille.
Leur mouvement n'avait nullement échappé au
commandant des hussards. Ceci démontre la nécessité de laisser au commandant de la deuxième
ligne l'indépendance la plus complète, il doit
avoir la plus grande initiative dans ses mouvements et savoir les adapter à l'ensemble de la
situation.

Nous nous sommes occupés jusqu'à présent de
la place et du rôle de la deuxième ligne; il ne
nous reste plus qu'à parler de sa formation et de
la distance à laquelle elle doit se trouver de la
première ligne. Comme celle-ci, ainsi que nous
l'avons montré, est souvent forcée de faire des
changements de direction ou d'exécuter des évolutions, la deuxième ligne devra se conformer
constamment et de la manière la plus intime à ces
mouvements. Il lui sera d'autant plus facile de
satisfaire à cette exigence, qu'elle sera plus concentrée, c'est à dire, formée en masse.

Il est évident que la deuxième ligne doit s'engager aussi rapidement que possible. Les masses ne devront donc pas se déployer trop tard en ligne de colonnes. Il suffit, en général, que ce mouvement se fasse au moment où la première ligne se déploie pour la charge. Cependant, il se présentera souvent des circonstances où l'on pourra se contenter de tenir les régiments massés de la deuxième ligne à intervalle de déploiement, particulièrement lorsqu'on pourra prévoir d'une façon à peu près certaine que l'on aura à engager successivement des fractions de la seconde ligne. On est alors à tout instant en mesure de jeter un ou plusieurs escadrons dans la mêlée.

Quant à la distance à laquelle elle doit se trouver de la première ligne, la distance de 240 mètres fixée par le règlement suffit, à notre avis, à toutes les exigences. Une distance moindre enlèverait souvent aux deux lignes leur indépendance et la deuxième n'aurait pas assez d'espace, si elle était forcée de faire quelque mouvement sur le centre. Une trop grande distance, au contraire, pourrait facilement l'exposer à ne pas arriver en ligne au moment voulu. Si toute la division s'avance au trot et qu'il soit nécessaire de prolonger le front de la première ligne, les escadrons de la deuxième désignés à cet effet peuvent en une minute et demie se porter au galop à hauteur de la première encore au trot. Si celle-ci prend le galop pour charger et va aborder l'ennemi à 400 mètres plus loin ; la deuxième ligne est en mesure de s'engager trois cinquièmes de minute plus tard près du point où le choc a eu lieu.

On fera donc bien de s'en tenir à cette distance de 240 mètres. Mais qu'on ne se figure pas que cela soit toujours possible dans la pratique, car il ne faut pas oublier que le commandant de la deuxième ligne, pour se conformer constamment aux mouvements de la première, doit avant tout reconnaître exactement ce qu'il a devant lui, et qu'il ne peut par conséquent ordonner ses mouvements que quelques instants après ceux de la première ligne; en outre, la deuxième ligne ne se meut pas sur le même terrain que la première et sa distance à celle-ci peut, par conséquent, se modifier d'une manière sensible.

En général, tous les chiffres, fixés pour les distances et les intervalles, ne s'appliquent qu'à des situations normales. On doit s'efforcer de les maintenir autant qu'on le peut ; mais la nature du terrain les modifiera forcément, et il faut, par conséquent, faire tous ses efforts pour les rétablir. C'est la mission spéciale des chefs de pelotons de tête, des commandants d'escadrons de direction, etc. ; pour les autres commandants d'escadrons et les officiers supérieurs, il suffit qu'ils jettent un regard çà et là pour s'en assurer et y porter remède. Il faut surtout éviter de s'y attacher trop minutieusement, parce que l'on ne donnerait plus l'attention voulue du côté de l'ennemi.

Avant de terminer, nous jetterons encore un coup d'œil sur les mouvements de la brigade de hussards, qui se trouvait en deuxième ligne dans notre étude.

Comme nous le savons, la brigade de grosse cavalerie traverse à 10 h. 36 m. le chemin qui va de Geisterhof à Schleithal, ses régiments font un léger à-gauche; les cinq escadrons de hussards se trouvaient en ce moment à 240 mètres au nord du chemin, en échelon en ligne de colonnes derrière la gauche des uhlans.

A 10 h. 37 m., les uhlans en vinrent aux mains avec les cuirassiers ennemis à 400 mètres au sud du chemin. La brigade de hussards avait dû, dans l'intervalle, appuyer un peu à gauche avec ses têtes de colonnes, par suite de l'à-gauche des uhlans, et n'avait pas encore en ce moment atteint le chemin de Sehleithal.

A 10 h. 38 m., les uhlans avaient refoulé leur adversaire à 300 mètres plus loin et se trouvaient par conséquent à 700 mètres au sud du chemin. Les hussards, prévenus déjà auparavant de l'approche des cuirassiers, qui débouchaient à l'est du Warschbach, marchèrent à leur rencontre. Les escadrons du 1er hussards, qui étaient partis au trot, se déployèrent en ligne et ne passèrent au galop que quelques instants après. Ils se trouvaient ainsi à 10 h. 38 m. à 240 mètres au sud du chemin. Le 2e hussards continua son mouvement de flanc en marche oblique par escadron pour chercher à envelopper l'adversaire.

Tandis que le combat de la brigade de grosse cavalerie restait stationnaire de 10 h. 38 m. à

10 h. 41 m., celui des hussards prit la tournure
suivante :

A 10 h. 39 m., rencontre des deux escadrons
du 2ᵉ hussards et du 1ᵉʳ régiment de l'ennemi
(5ᵉ cuirassiers), à 650 mètres au sud du chemin
et à peu près à hauteur du point où les uhlans
avaient d'abord heurté l'adversaire. De 10 h.
39 m. à 10 h. 40 m., attaque de flanc du 2ᵉ hussards; à 10 h. 40 m., arrivée du 4ᵉ cuirassiers
ennemis qui suit en échelon à droite, et enfin à
10 h. 41 m., retraite des hussards, qui oblige le
général de division à faire entrer sa réserve en
ligne.

La troisième ligne.

Examinons maintenant le rôle de cette réserve,
c'est à dire de la troisième ligne de la division de
cavalerie.

La brigade de dragons, qui formait cette ligne,
a d'abord détaché un de ses escadrons pour
appuyer l'artillerie.

Quant à déterminer la ligne à qui incombe
ce soin, cela dépendra principalement des circonstances particulières qui exigent de faire soutenir les batteries. Souvent l'on est forcé de prendre à un moment donné un ou plusieurs escadrons
au régiment qui se trouve le plus à portée. Mais
si l'on a toute latitude à cet égard, et cela arrivera
presque toujours, il est préférable, en principe, de
les emprunter à la troisième ligne. La première

ligne, qui doit exécuter le choc principal, doit
rester aussi forte que possible, la deuxième est
déjà par le fait affaiblie par deux escadrons de
soutien détachés à la première ligne, et c'est par
conséquent à la réserve de la division à satisfaire
aux exigences de cette nature.

La force à donner à ce soutien variera aussi
suivant les circonstances. Dans le cas actuel, la
nature du terrain et la proximité des chasseurs
de la division d'infanterie doivent évidemment
entrer en ligne de compte. D'un autre côté, si les
batteries avaient été employées à l'aile gauche de
la division, il eût été peut-être préférable de leur
donner deux escadrons, qui se seraient opposés
beaucoup mieux à un mouvement tournant de
l'adversaire par les pentes qui descendent sur le
chemin de Schleithal. Du reste, le terrain était
asez découvert de ce côté, et les batteries pouvaient se voir menacées par des forces considérables. Dans de pareilles conditions, on peut
même être forcé d'y consacrer plus de deux escadrons.

Les sept escadrons restants de la brigade de
dragons massés en colonne suivent la première
ligne à 3,600 mètres de distance.

Si le terrain le permet, il sera très avantageux
de faire déborder la troisième ligne sur l'une
des ailes. L'ensemble de la situation décidera sur
laquelle elle devra se porter. Dans tous les cas, la
plus mauvaise disposition qu'elle puisse prendre
serait de suivre directement la première ligne et

d'être ainsi forcément réduite à exécuter son
attaque dans la même direction que la première
ligne.

Tout ce que nous avons dit à cet égard, à propos de la deuxième ligne, peut complétement s'appliquer à la troisième. Dans le cas actuel, en
faisant suivre la troisième ligne en arrière de la
brigade de grosse cavalerie, les forces principales
de la division suivent sans contredit la direction
où l'on a le plus à craindre, si l'adversaire perce
la première ligne. Mais la brigade de dragons est,
par le fait, fort restreinte dans la liberté de ses
mouvements, et le résultat de son intervention
fort douteux.

Ce n'est que grâce à la direction divergente
dans laquelle les deux premières lignes vont heurter l'ennemi et grâce au grand vide qui sépare les
deux masses aux prises avec l'adversaire sur deux
points différents, que la brigade de réserve peut
parvenir, dans le cas présent, à faire sentir utile-
ment son action derrière le centre de toute la ligne
des combattants. Mais l'on ne doit jamais compter sur de pareilles éventualités et il eût été certainement préférable que les dragons prissent une
autre place, où ils n'auraient pas été exposés à
être entraînés avec la première ligne dans sa
retraite.

Lorsqu'à 10 h. 36 m. la brigade de grosse cavalerie traverse le chemin de Geitershof, la brigade
de dragons se trouve encore à 360 mètres en arrière
et se dirige par un mouvement diagonal vers la

gauche de la première, conformément à l'ordre qu'elle venait de recevoir de la division. La brigade de réserve a donc encore près de 500 mètres à parcourir pour atteindre le chemin au point où la gauche des uhlans l'a traversé; par conséquent, à 10 h. 37 m., c'est à dire, au moment où ceux-ci en viennent aux mains avec le premier régiment de l'adversaire, elle se trouve, en supposant qu'elle fasse son mouvement au trot, à 500 mètres du point même où le choc se produit. Si le combat s'était transformé tout d'abord en une mêlée, il aurait fallu plus d'une minute pour que les dragons pussent intervenir, sans compter qu'ils n'étaient pas encore déployés et prêts à entrer en ligne.

Sur ces entrefaites, les uhlans culbutent l'adversaire, il n'est pas nécessaire que les dragons interviennent et ils peuvent, au contraire, continuer tranquillement leur mouvement de flanc. Les uhlans poursuivent et rencontrent à 10 h. 38 m. le premier régiment de la réserve de l'adversaire à 700 mètres environ au sud du chemin, tandis que les dragons, toujours au trot, l'atteignaient à peine, et que la brigade de hussards galopait à 400 mètres en avant d'eux.

A partir de 10 h. 38 m., commence la mêlée proprement dite, d'abord à la brigade de grosse cavalerie, et aussitôt après aux hussards. A 10 h. 41 m., le combat prend une mauvaise tournure pour nous, mais la brigade de dragons aurait fort bien pu faire entrer en ligne auparavant quelques uns de ses escadrons, surtout si elle avait pris le galop aussitôt qu'elle avait vu les nôtres en venir aux mains en avant d'elle.

Mais personne n'arrive tout d'abord. La brigade reste au trot, se déploie et lorsqu'à 10 h. 41 m. la retraite se dessine, elle est encore à près de 240 mètres des deux autres brigades qui sont aux prises. C'est à ce moment seulement qu'elle prend part au combat.

Ces calculs nous amènent à dire un mot de l'allure et de la formation à prendre par la troisième ligne.

Dans tous les grands combats de cavalerie, la deuxième ligne devra forcément intervenir de bonne heure; la troisième ligne forme, par conséquent, la réserve proprement dite et doit être prête à accourir sur tous les points de la ligne combattante. La distance à laquelle suit cette réserve est de 360 mètres au début. Mais si elle reste au trot, pendant que la première ligne, arrivée à 400 mètres de l'ennemi, prend le galop, cette distance se montera à 520 mètres; la troisième ligne ne pourra donc s'engager que dans une minute et un tiers au point où a eu lieu la rencontre. Il n'es-question ici que de l'intervention d'escadrons détat chés de la troisième ligne que nous supposons massée par régiments, ou déjà déployée en ligne de colonnes. Si le déploiement de toute la brigade ne se faisait qu'à ce moment, ces escadrons ne pourraient entrer en ligne qu'une minute plus tard.

Il en est tout autrement si le soutien de la

troisième ligne a à prendre une autre direction que celle que nous avons supposée ici.

L'étendue de deux brigades déployées sur une même ligne se monte déjà à près de 1,500 mètres ; si elles sont aux prises avec l'adversaire, elle atteint jusqu'à 1,600 mètres et même davantage.

Il résulte de là que, si la brigade de réserve se place en échelon derrière l'une des ailes, elle ne pourra arriver que cinq minutes plus tard à l'aile opposée ; si, au contraire, elle se trouve derrière le centre des deux brigades, lorsque la deuxième ligne en vient aux mains à l'aile gauche, il ne lui faudra guère que deux minutes pour entrer en ligne.

Mais cet avantage disparaît en présence du danger auquel on est exposé. Si les deux brigades de première ligne sont repoussées, elles entraîneront infailliblement la réserve qui les suit derrière leur centre et la mettront dans l'impossibilité de se rendre utile. Si, au contraire, elle se trouve sur l'une des ailes, elle pourra laisser passer le torrent et être, dans tous les cas, d'un grand secours en se jetant sur l'adversaire lancé à la poursuite.

Le général A. aurait donc mieux agi en prolongeant plus loin le demi-à-gauche des dragons ou en les faisant marcher dès le début derrière l'aile gauche.

Des mouvements de ce genre seront souvent inévitables pour la troisième ligne. Mais ils augmenteront pendant quelques instants la distance à laquelle elle se trouvait auparavant (dans notre exemple, elle a été portée de 360 à 520 mètres) et elle arrivera trop tard en ligne. On ne pourra reprendre sa distance que dans le cas où la première ligne resterait aux prises un certain temps.

On voit donc que la distance de la réserve à la première ligne ne peut toujours se maintenir à 360 mètres et que l'on doit, dans chaque cas, se faire une idée nette des questions de temps et de distance, afin de se rendre compte des variations auxquelles elle est exposée, sous peine de ne pas entrer en ligne au moment voulu.

Il est certain qu'en prenant de bonne heure le galop, la troisième ligne regagnera maintes fois sa distance perdue. Mais il ne sera pas toujours possible de recourir à cette allure. D'ailleurs, on ne peut préciser d'avance si la troisième ligne n'aura pas peut-être encore d'autres mouvements plus étendus à faire avant d'entrer en ligne. Il faut, par conséquent, ménager ses chevaux jusqu'à l'attaque proprement dite. Il en résulte que le trot est l'allure normale pour les mouvements de la réserve et qu'elle ne doit employer le galop que par exception. Dans des situations analogues à celles de notre exemple, les distances ne sont pas cependant assez grandes pour qu'on puisse se permettre le galop impunément. Seydlitz était beaucoup plus exigeant que nous à cet égard.

Si la première et la deuxième lignes sont déjà engagées, la troisième ligne doit s'en approcher le plus rapidement possible, afin de pouvoir

9

les secourir à temps. Dans l'intervalle cependant, le combat a pu prendre une mauvaise tournure; nos brigades de première ligne peuvent céder le terrain, être forcées par l'artillerie de faire demi-tour ou culbutées peut-être par l'adversaire.

La plus mauvaise formation dans laquelle puisse se trouver alors la réserve, lorsqu'elle suivra derrière le centre, c'est la formation en ligne. Cette formation a peu de consistance et la réserve se trouvera paralysée, si elle n'est même entraînée dans la débâcle. En pareil cas, il est préférable qu'elle soit déjà déployée en ligne de colonnes; les grands intervalles qui séparent les colonnes laisseront ainsi le passage libre aux fuyards. Ils se garderont bien d'aller se heurter à ces colonnes et sauront profiter des vides pour s'enfuir, à moins qu'ils n'aient complétement perdu la tête, ou qu'ils ne soient plus maîtres de leurs chevaux.

Le principe qui veut qu'une troupe se déploie, quand elle s'attend à entrer en action, est fondé sans contredit sur la nature même du combat. Mais, dans le cas actuel, son application nous expose cependant à certains dangers qu'on ne saurait passer sous silence.

Il suffit, pour s'en convaincre, de se représenter la situation morale de la troisième ligne et les impressions qui s'imposent à tous ses éléments, même quand le combat en avant se développe dans des conditions normales.

Les cavaliers de la troisième ligne qui s'avance n'ont même pas encore aperçu la silhouette de l'ennemi. Les colonnes de la première ligne, les nuages de poussière, la distance, tout concourt à le cacher à leurs yeux. Déjà les obus, qui sillonnent le terrain qu'on va fouler dans un instant, arrivent bientôt à votre portée, peut-être même dans les colonnes marchantes de la troisième ligne.

On sent que le moment décisif approche, qu'il s'agit de donner. Ce sentiment s'augmente d'instant en instant et la troisième ligne elle-même prend ses intervalles.

On voit la première ligne se déployer, passer au galop; le nuage de poussière qu'elle soulève empêche de distinguer le moment du choc et l'on se figure que le signal d'attaque qu'on entend en avant s'adresse aussi à ceux qui suivent.

L'allure de la troisième ligne s'est augmentée sur ces entrefaites; chacun désire sortir aussi rapidement que possible du cercle où tombe une grêle d'obus; toute timidité disparaît et les moins braves eux-mêmes veulent en venir aux mains. Déjà des cavaliers et des chevaux errants se précipitent en arrière, des cuirassiers ennemis se montrent même dans les intervalles. La mêlée a grossi en un instant comme une vague et gagné en profondeur. Le général ne peut distinguer encore s'il est nécessaire d'engager tout ou partie de sa réserve, ni sur quel point il doit intervenir, et s'il ne serait peut-être pas plus urgent de se jeter sur une des ailes.

Dans tous les cas, le moment approche où la brigade va se jeter tout entière dans la mêlée et échapper ainsi à l'action de son chef ; la nécessité de sonner la halte devient imminente.

Mais bientôt cet instant s'évanouit et il est trop tard pour s'arrêter. Le front de la troisième ligne déployée en ligne de colonnes se monte, en effet, à 720 m. ; la distance première à laquelle on se trouvait de la première ligne a disparu, par suite du désordre produit par le choc qui a dispersé en tous sens les deux adversaires en avant et en arrière de la ligne primitive. L'action du général sur tous les éléments de sa brigade devient impossible en ce moment. Les commandants d'escadrons aperçoivent au milieu des nuages de poussière des cavaliers de la première ligne qui s'échappent en tous sens pour prendre la fuite ; des groupes ennemis apparaissent à leurs yeux. Il devient urgent de porter secours sur ces points ; on se laisse alors emporter par ses impressions, des escadrons se jettent d'emblée dans la mêlée et le général a toutes les peines du monde pour retenir ceux qui sont à sa portée.

Tel est le tableau que ne présente certainement pas le Champ de Mars, mais qui s'est réalisé sur maints champs de bataille, lorsque les soutiens suivaient immédiatement la ligne attaquante. Si l'on veut bien s'en pénétrer, on reconnaîtra une des causes qui donnent au combat de cavalerie ce caractère d'une lutte des plus décousues et des plus désordonnées, où les forces sont absorbées prématurément et mal à propos.

Nous avons tracé avec intention ce tableau en

détail, afin de faire ressortir la nécessité pour la troisième ligne aussi de se placer un peu sur les ailes, dès que la division arrive dans la zone d'attaque, et de ne plus suivre directement la première ligne.

Si la première et la deuxième lignes sont aux prises sur deux points situés à une certaine distance l'un de l'autre, on pourrait être entraîné à diriger la réserve dans le vide qui les sépare, ainsi qu'il est arrivé à notre brigade de dragons. Mais qu'on veuille bien se représenter le danger qui menaçait la brigade. Le commandant de la division est fort heureux de répondre qu'il pouvait encore suffisamment diriger ses différents corps, et qu'il n'avait aucune crainte de les voir céder aux circonstances, pour se jeter tête baissée dans la mêlée. Il n'a gagné l'espace dont il avait besoin pour la liberté de ses mouvements, que grâce au succès de l'attaque de la brigade de grosse cavalerie qui a poursuivi ensuite l'adversaire. Mais les choses auraient pu tourner tout autrement; si les échelons suivants de l'adversaire avaient enveloppé le flanc droit de la brigade de grosse cavalerie, elle aurait probablement été rejetée sur les dragons, et si, de leur côté, les hussards avaient été pris par leur gauche et refoulés sur eux, la brigade de réserve eût été complétement paralysée et n'aurait pu déployer aucun de ses escadrons.

La manière dont l'adversaire fait suivre sa réserve à l'ouest du Warschbach est tout aussi dangereuse. Si la première division de cavalerie avait tenté le mouvement que nous avons proposé, et cherché à envelopper l'aile droite du 6ᵉ cuirassiers, la brigade de 1ʳᵉ ligne, en cas de succès, eût été rejetée tout entière sur la suivante et l'aurait entraînée avec elle. Mais, ainsi qu'il ressort du récit, la division du sud risquait fort de voir les 6ᵉ et 7ᵉ cuirassiers culbutés par le choc puissant de la brigade de grosse cavalerie et refoulés sur les 8ᵉ et 9ᵉ régiments qui eussent été entraînés avec eux. Aussi, le 8ᵉ cuirassiers chercha-t-il, au dernier moment, à parer au danger par un demi-à-droite. Quant à la brigade suivante, il était inutile qu'elle se plaçât aussi en échelon; la réserve doit rester aussi concentrée que possible dans la main de son chef.

Quant à la distance, il est évident que plus la troisième ligne se tient éloignée du point où s'opère le choc de la première ligne, et plus elle est concentrée, plus il est facile de maintenir ses éléments en garde contre une intervention prématurée. Il y a cependant certaines limites, car il est certain, ainsi que nous l'avons déjà montré dans la deuxième partie, que l'action des soutiens sera d'autant plus sensible qu'elle se manifestera avant que le sort se soit prononcé. Il faut donc que la troisième ligne puisse s'engager dès que le combat se montre indécis sur certains points, ou dès que l'ennemi débouche sur d'autres avec de grandes forces.

La nécessité de l'intervention de la troisième ligne peut être des plus pressantes; une minute

de plus peut changer la face des choses. Il faut
donc que cette réserve s'approche assez près des
combattants, pour que quelques uns de ses escadrons puissent autant que possible s'engager en
moins d'une minute. Dans ces conditions, nous
demandons qu'elle arrive à 240 ou 300 mètres
de la mêlée. Si elle s'aperçoit pendant son mouvement que son concours est nécessaire sur certains points, les escadrons désignés continuent
la marche sans interruption. *Quant au reste de la*
troisième ligne, nous croyons indispensable de
l'arrêter quelques instants. Quoi qu'on puisse
objecter à cette manière d'opérer, c'est le seul
moyen pour le commandement de faire sentir son
action dans les grands combats de cavalerie et
d'empêcher toutes les forces de se jeter aveuglé-
ment dans la lutte, en s'exposant peut-être à de
grands dangers sans aucun résultat.

Dans l'infanterie, les corps qui rencontrent les
premiers l'ennemi entament peu à peu le combat
et préparent la décision. Quand l'adversaire est
ébranlé, les réserves frappent le coup décisif.
Mais les choses se passent tout autrement dans
la cavalerie. Ici, tout dépend du premier choc, le
rôle des réserves consiste uniquement à porter
secours sur les points où le choc n'a pas réussi;
elles agissent donc aussi, dans la plupart des cas,
non en engageant toutes leurs forces sur un seul
point, mais en détachant quelques uns de leurs élé-
ments sur différents points. Si la première ligne
refuse le combat, alors seulement la réserve prend

son rôle et sa place. Mais, dans ce cas, son intervention ne peut être couronnée de succès que si elle se produit sur l'un des flancs.

En raison de cette exigence, il ne semble donc pas indispensable que la troisième ligne soit déployée de bonne heure. La brigade de dragons de notre exemple peut s'approcher tranquillement à 240 ou 300 mètres des deux brigades de tête déjà aux prises; du moment qu'elle reste massée, elle n'aurait aucune difficulté pour accomplir la mission qui l'attend.

Il est certain toutefois qu'elle donnera un peu trop tard, si elle n'intervient qu'après que la brigade de grosse cavalerie et la brigade de hussards commencent à faiblir. Si nous suivons son mouvement sur le croquis, on verra qu'à 10 h. 40 m. elle ne se trouve qu'à 300 ou 400 mètres des masses engagées. Quelques escadrons pouvaient donc très bien se jeter immédiatement dans la lutte. C'était l'affaire d'une minute; mais la minute nécessaire à cet effet est consacrée au déploiement de la brigade, et à 10 h. 41 m., la retraite des deux autres brigades se prononce déjà.

Cependant, comme il ne s'agissait en somme que de quelques escadrons, il n'était pas nécessaire d'exécuter un déploiement préliminaire. S'il faut intervenir dans différentes directions, sur la droite et sur la gauche à la fois, les deux escadrons de droite de cette ligne massée de sept ou huit escadrons et les deux de gauche peuvent à tout instant se déployer en marchant, sans avoir besoin de prendre d'abord leurs intervalles. Ils n'auront qu'à exécuter leur déploiement chacun pour leur compte. S'il est nécessaire d'engager plus de monde, il n'y a pas d'inconvénient à ce que les autres escadrons arrivent un moment plus tard, d'autant plus qu'ils doivent être dirigés sur d'autres points.

C'est de cette manière que trois escadrons du régiment de gauche (le 2ᵉ), de la brigade de dragons sont employés d'abord à dégager les hussards, puis deux autres, et aussitôt après la troisième de l'aile droite (1ᵉʳ régiment), à soutenir la brigade de grosse cavalerie, de sorte que le commandant de la division finit, après avoir engagé successivement ses forces, à ne plus avoir qu'un seul escadron en réserve.

L'arrivée de ces escadrons change la tournure du combat, les cuirassiers ennemis reculent de nouveau et se précipitent en arrière. Mais la réserve est engagée presque en entier, il est urgent de rallier les forces dispersées, si l'on ne veut pas remettre en jeu les avantages obtenus, en présence des renforts de l'adversaire qui s'approchent. *C'est d'ailleurs le premier moment où l'on pourrait réellement considérer ce rassemblement comme une opération praticable.*

Le général de division le comprend tout aussi bien que le commandant de la brigade de hussards. Aux hussards, comme à la grosse cavalerie, on sonne le ralliement; *les escadrons les derniers engagés, les escadrons de dragons, se chargent de la poursuite.*

Mais les forces ralliées de l'adversaire ne tardent pas à y mettre elles-mêmes un terme. Toutefois, ses forces se sont émoussées aussi; les quelques troupes qu'il montre disparaissent en présence des masses de la première division de cavalerie qu'elles aperçoivent à quelque distance, quoiqu'elles ne soient pas encore reformées. Elles voient enfin arriver le dernier escadron compact que le général A. lance sur la scène. Ainsi s'éteint cette lutte acharnée des deux masses de cavalerie, les forces des deux partis s'étaient mesurées dans un combat égal de part et d'autre, et entamées d'une façon sérieuse; ce qui restait encore était trop faible pour exercer une influence quelconque. Sans doute, un escadron solide peut se jeter tête baissée dans une mêlée, quelque grande qu'elle soit et sans se préoccuper de l'issue de sa tentative. Mais qu'un escadron se précipite ainsi avec ses 150 chevaux sur l'adversaire qui se rallie par milliers à quelques pas de vous, il ne faut guère y compter en présence d'une aussi grande supériorité de forces et de l'effet moral qui en résulte.

Il n'y avait donc de résultat à attendre après l'arrivée des dragons que si l'on avait eu encore un certain nombre d'escadrons frais à sa disposition. Dans les circonstances où l'on se trouvait, il était assez difficile que la brigade de grosse cavalerie et la brigade de hussards se ralliassent assez vite pour lancer immédiatement quelques escadrons à la charge. En tout cas, celui des deux adversaires qui disposait d'une réserve *suffisante* pour la faire entrer en ligne avant que l'autre eût rallié ses masses, serait, sans contredit, resté maître du champ de bataille et aurait pu alors aussi profiter de la victoire.

Il est probable que la première division de cavalerie se serait ménagé tout naturellement une réserve suffisamment forte, si elle avait procédé comme nous l'avons exposé dans nos considérations. Il est même à peu près certain qu'un régiment de dragons au moins, peut-être même davantage, serait resté concentré dans ses mains et à sa disposition pour poursuivre l'adversaire.

Ainsi finit ce duel de cavalerie entre deux adversaires qui avaient lutté à forces égales et s'étaient montrés à la hauteur l'un de l'autre par la bravoure, sans produire aucun résultat décisif.

L'artillerie.

Quant à la part que l'*artillerie à cheval* prit aux événements, elle a été tout autre dans les opérations que sur le champ de bataille.

Lorsqu'on s'avançait vers la forêt de Haguenau et qu'il s'agissait de rechercher l'adversaire, la division dut s'étendre sur un certain front et tandis que le gros prenait la direction d'Altenstadt et de Soultz, la brigade de hussards marcha sur Niederroderen. Celle-ci s'éloignait ainsi de près de trois lieues et demie de la colonne principale; elle allait se trouver isolée et obligée de livrer des combats pour son propre compte. Nous avons vu à cette occasion l'effet décisif produit par la batterie qui lui était attachée, lors de la prise de Niederroderen, et plus tard pour se maintenir dans le village.

Lorsque ensuite la brigade de hussards fut rappelée à Aschbach et qu'elle eut une mission des plus importantes à remplir sur ce point, nous n'avons embrassé dans notre exposé détaillé que l'ensemble de la division, sans parler spécialement du rôle de la 3e batterie à cheval. Néanmoins, on peut facilement se représenter les services qu'elle rendit dans les différentes phases du combat. D'abord, elle tint les masses de l'adversaire à grande distance au sud de l'Engelbach; elle contribua à la défense des défilés et força l'ennemi à déboucher avec précaution et en perdant du temps. Ensuite, les masses fort supérieures de l'adversaire auraient refoulé la brigade de hussards beaucoup plus rapidement que cela n'eut lieu, si elles n'avaient pas été obligées par la batterie de s'avancer avec circonspection et de consacrer beaucoup de temps à leur mouvement. La division de l'armée du Sud se vit ainsi réduite, pour ne pas s'exposer de loin à des pertes inutiles, à couvrir ses troupes dans le terrain et à mettre d'abord ses batteries en position.

Il est vrai que la 3e batterie à cheval ne put entraver longtemps la marche de l'adversaire,

mais en général, les forces que l'on avait sur la
rive gauche de l'Hausauerbach étaient elles-
mêmes insuffisantes. Après que l'adversaire eut
traversé l'Engelbach , la brigade de hussards
avait plutôt pour mission de chercher à retarder
sa marche. Les hussards ne pouvaient le faire que
par leur présence, la batterie au contraire pouvait
jouer un rôle effectif.

Il est certain qu'elle ne pouvait se laisser
entraîner dans un combat décisif avec une artillerie de beaucoup supérieure. Elle avait plutôt à
rechercher sans cesse de bonnes positions en
arrière contre lesquelles les batteries de l'ennemi
ne pussent s'avancer tête baissée. Il leur fallait
alors un certain temps pour reprendre leur action
et surtout pour régler leur tir. C'est surtout dans
ces mouvements de retraite qu'il faut de l'habileté
et une grande mobilité de la part de l'artillerie à
cheval attachée à la cavalerie.

Il résulte de ce que nous avons dit, qu'une
division de cavalerie doit être suffisamment
pourvue d'artillerie pour pouvoir satisfaire aux
exigences que produit le détachement d'une brigade. On comprend facilement que le gros de la
division, auquel incombe le rôle principal, doive
avoir, lui aussi, un nombre suffisant de pièces.
La conclusion et la réponse à la question posée
au début même de notre étude, c'est qu'*une* seule
batterie est insuffisante pour une division de
cavalerie de six régiments; elle peut se tirer souvent d'affaire avec deux, mais il est désirable de

lui en donner trois. Il faut songer aussi qu'elle peut être appelée dans certaines circonstances à mettre ses trois brigades en première ligne; nous en avons vu, du reste, un exemple dans notre étude, au moment où la brigade de hussards, lors de la retraite de la division, prend position au nord-est d'Oberseebach, sur la route de Fort-Louis, pour s'opposer à un mouvement tournant de l'ennemi sur notre gauche. Dans cette situation, chacune des trois brigades aurait eu de la peine à remplir sans artillerie la mission spéciale qui lui incombait.

La brigade de grosse cavalerie se trouve sur la rive droite de l'Hausauerbach, en face d'une cavalerie supérieure en nombre; son rôle principal est de forcer les têtes de colonnes d'infanterie à ralentir leur mouvement; elle ne pourrait guère le faire sans artillerie. La brigade de hussards, placée aux abords de la route de Fort-Louis, doit retarder à tout prix la marche rapide des cuirassiers qui s'approchent, jusqu'à ce que toute la division se soit suffisamment concentrée pour parer au danger. Pendant que ces deux brigades agissent ainsi, la brigade de dragons se trouve au centre entre l'Hausauerbach et Oberseebach, en face du gros de la cavalerie de l'adversaire, et si celui-ci vient à la percer, toute la 1re division sera culbutée.

Si l'on ne peut attacher dix-huit pièces à chaque division de cavalerie et qu'on ne puisse leur en donner que douze, nous préférerions même laisser

nos batteries à cheval à quatre pièces; cette organisation répondrait mieux aux exigences des opérations.

Nous avons vu que *la division n'a pu maintenir
son artillerie réunie, pas plus dans son mouvement
offensif que pendant sa retraite.* La nécessité de
l'employer sur plusieurs points l'emporte sur le
désir, légitime du reste, de la concentrer autant
que possible. Il s'agissait ici de forcer *sur divers
points* l'adversaire à se déployer, de briser sa
résistance et de retarder sa marche. *Mais lorsque
toute la division est engagée, le combat exige le
concours le plus complet des différentes armes.
L'artillerie ne peut satisfaire à cette condition
qu'en mettant toutes ses pièces en ligne. La division de cavalerie doit donc, en principe, réunir
toutes ses batteries pour le combat.*

Un examen plus complet des exigences que le
combat actuel de notre étude impose à l'artillerie
conduit à la même conclusion. Le rôle principal
de cette arme est toujours de faire tous ses efforts
pour préparer la victoire.

Aussitôt que la division marche à l'attaque,
son artillerie doit donc chercher à la faciliter, en
ébranlant la cavalerie ennemie qui s'avance. Dans
certaines circonstances, elle pourra avoir assez
d'effet pour forcer une partie de la ligne ennemie,
et même toute cette ligne, à faire demi-tour.

Peu importe que l'artillerie subisse alors des
pertes par le feu des pièces de l'adversaire ! Mais
il n'est pas indifférent pour le général que l'artil-

lerie opposée fasse des brèches dans la 1re division de cavalerie, quand elle marche à l'ennemi.

L'artillerie a donc toujours une mission double et connexe à remplir: détourner le feu des batteries ennemies de notre cavalerie et ébranler la cavalerie de l'adversaire.

La succession si rapide des phases du combat de cavalerie l'obligera donc à poursuivre tantôt l'un ou l'autre de ces deux buts, si toutefois elle ne peut les atteindre du même coup l'un et l'autre.

Si l'on veut occuper les batteries et attirer sur soi le feu de l'adversaire, il faut les couvrir d'une grêle de projectiles bien dirigés, ce qui n'est possible qu'avec une direction unique pour toutes les pièces dont on dispose. Si l'on a assez de temps, on parviendra peut-être à paralyser l'artillerie ennemie, de telle sorte qu'on puisse diriger toutes ses pièces sur la cavalerie avant même le choc des deux lignes opposées. Dans le cas contraire, il ne reste plus qu'à canonner la cavalerie avec toutes ses pièces ou au moins avec une partie, quand elle arrive à portée.

On pourrait, à cet effet, employer la méthode suivante : la cavalerie de la division du sud dispose à son aile gauche de deux batteries, contre lesquelles s'avancent les batteries de la 1re division de cavalerie; une de ses batteries se trouve à l'aile droite et agit contre la brigade de hussards, sans qu'on réponde à son feu. La chose n'est certainement pas agréable pour les hussards.

Bien que leurs petites colonnes se meuvent avec rapidité et d'une façon continue pour ne point donner prise à l'artillerie, leur situation n'en est pas moins plus fâcheuse que celle de la brigade de grosse cavalerie. Mais, d'un autre côté, les batteries de la division ont, de ce fait, la supériorité sur l'artillerie qui est en position à Oberseebach et exercent une action plus sensible sur la première ligne des cuirassiers de l'adversaire. Or, nous savons que c'est le choc de la première ligne qui a le plus d'importance, et, par conséquent, l'artillerie atteint ici son maximum d'effet. La batterie détachée pourrait sans doute s'avancer plus loin et atteindre aussi le 1er uhlans, mais cette séparation de l'artillerie opposée entraînait bien des inconvénients.

Si une cavalerie en marche engage de l'artillerie aux deux ailes, il lui faut aussi la couvrir sur ces deux points. Mais en pareil cas, la liberté de ses mouvements et les chances d'une intervention opportune des deuxième et troisième lignes sont extrêmement restreintes. Elles masqueront leur artillerie en s'avançant et la mettront hors d'état d'agir au moment le plus important, comme cela a lieu à l'aile droite de la division du sud, ou bien elles seront réduites à suivre directement la première ligne et à s'engager avec elle.

Une autre question encore, c'est de savoir jusqu'où l'artillerie doit s'avancer. Si elle veut chercher à obtenir un effet décisif sur les pièces

10 ·

de l'adversaire, elle doit s'en approcher assez près
dès le début et précéder rapidement et de bonne
heure la cavalerie. Mais cette distance efficace,
c'est à dire environ 1,500 mètres, a cependant
ses limites. Si quelque escadron caché dans un
pli de terrain débouche tout à coup, l'artillerie
perdra un temps précieux à aller en avant et en
arrière, ou sera fort exposée ; son escadron de
soutien se jettera à la rencontre de cet adversaire,
mais celui-ci, de son côté, opposera de nouvelles
forces et il se développera ainsi un de ces grands
combats de cavalerie désordonnés presque inter-
minables, sans que les forces disponibles puissent
agir avec ordre et dans de bonnes conditions.

Dans notre exemple, l'artillerie commence son
tir trois minutes avant que la première ligne se
trouve à sa hauteur et le continue encore pendant
une demi-minute, pendant que cette ligne passe
à l'attaque.

Si la brigade de grosse cavalerie avait tenté,
comme nous l'avons proposé, un mouvement de
flanc sur l'aile droite de l'ennemi qui venait à
elle, l'artillerie aurait pu continuer encore son
action un certain temps et son influence n'en
aurait été que plus grande. Au moment où
l'artillerie prit position à Geitershof (10 h. 33 m.),
l'artillerie de l'adversaire se trouvait à environ
1,800 m. d'elle et la brigade de cuirassiers de
première ligne à près d'une demi-lieue. Si elle
avait marché trois minutes de plus, elle pouvait
prendre position à 700 m. environ plus au sud

(10 h. 36 m.). Là elle eût certainement été en mesure de combattre avec succès l'artillerie opposée qui n'était qu'à 1,100 m. Mais il faut admettre évidemment que dans ces circonstances le régiment de cuirassiers qui se trouvait à sa portée se serait jeté immédiatement sur elle et aurait atteint la batterie avant que la brigade de grosse cavalerie pût s'y opposer.

La meilleure position pour l'artillerie, c'est celle qui lui permet de continuer son feu jusqu'au moment du choc sans quitter son premier emplacement; mais l'on ne peut pas toujours prévoir où le choc se produira, car cela dépend aussi de l'ennemi. On doit donc se borner à dire d'une manière générale : *l'artillerie doit s'avancer jusqu'à ce qu'elle trouve la position la plus favorable pour battre les lignes marchantes de l'adversaire qui se présentent pour l'attaque.* Elle pourra reconnaître au moins celles-ci assez à temps, à la condition toutefois de ne pas être atteinte par l'adversaire avant l'arrivée de la première ligne.

A ce sujet, on peut ajouter que ces situations respectives de l'artillerie à cheval et de la cavalerie sont toujours de la plus haute importance. Ce sont les circonstances particulières où l'on se trouve qui décident celle des deux armes qui doit régler les mouvements de l'autre.

Supposons, par exemple, que la supériorité de la cavalerie de la division du sud eût été tellement considérable que le général ne pût songer à l'attaquer. La 1re division de cavalerie devait néanmoins toujours se maintenir au sud de la Lauter, puisqu'il fallait conserver ce terrain à tout prix. Dans cette situation, la cavalerie ennemie prend l'offensive. Le général devait alors compter de préférence sur l'artillerie pour repousser l'attaque. Cette arme se cherchait alors une position qui lui permît de battre complétement tout le terrain d'approche. Elle en aurait peut-être trouvé une des deux côtés de la route de Fort-Louis, à hauteur de Riedseltz-Oberdorf. Les chances de résister reposaient avant tout sur l'effet que produiraient les batteries, et les brigades, maintenues plus en arrière, auraient été prêtes à en profiter.

Il en eût été encore de même, par exemple, si la cavalerie, encore en colonne de route, était obligée de se déployer. En ce moment, l'artillerie doit commencer à entrer en action, mais la division doit continuer sa marche en conséquence, en se réglant sur la position de l'artillerie. Il ne faut pas oublier, à cet égard, que l'effet de l'artillerie réside dans la justesse de son tir, que cette arme ne doit changer de position que quand elle peut obtenir plus de résultats sur d'autres points, ou à moins d'une nécessité pressante. Dans les exercices du temps de paix, il est vrai que l'artillerie est souvent un embarras et, plus d'une fois, la cavalerie qui la trouve sur son chemin lui crie « d'aller au diable! » Mais à la guerre, où l'on est content de voir tomber les premiers obus de sa propre artillerie et où l'on sait très bien apprécier ses services, où l'on n'entend jamais proférer de telles paroles, du moins dans le combat, là aussi la cavalerie sait très bien régler ses mouvements sur les positions prises par l'artillerie. Même dans le service d'exploration et de sûreté, la première demande formulée par les intéressés est très souvent la suivante : « On me donnera bien une paire de canons ? »

Mais la situation est tout autre dans le cas actuel. Si la 1ʳᵉ division de cavalerie veut repousser l'adversaire, ses masses doivent s'avancer dans le terrain qui leur permette de se déployer et d'entrer en action; l'artillerie n'a qu'un rôle de soutien. En raison de cette circonstance et de la situation générale, c'est à l'ouest de la route, et non à l'est, sur le champ de tir le plus étendu, que l'artillerie trouve son emploi.

Il est inutile de dire qu'elle aura plus d'action en se plaçant sur les flancs que si elle se trouve en avant de la cavalerie. Plus elle peut prendre en flanc la cavalerie ennemie qui s'avance, mieux cela vaut. Ajoutez à cela que l'artillerie, qui se trouve en avant de la division, en peut plus rien faire après le premier choc, et qu'elle est plutôt exposée à de grands dangers auxquels elle ne peut parer par son feu. D'un autre côté, l'artillerie qui se trouve sur le flanc peut encore se rendre utile, même après le choc.

Ainsi que le montre l'exposé des faits, elle dirige son feu sur les lignes suivantes, dont elle peut repousser l'attaque de flanc sur une de nos ailes et empêcher, du moins en partie, l'intervention directe.

Il est donc désirable que les batteries restent tranquillement à leur position lors du choc de la première ligne. Il n'y a aucun intérêt à changer souvent de position pour se conformer à toutes les phases du combat de cavalerie.

Mais, d'un autre côté, l'artillerie a perdu une occasion capitale de se rendre utile lorsque l'arrivée des escadrons de dragons fit tourner le combat en faveur de la 1ʳᵉ division de cavalerie. Pendant que la brigade de grosse cavalerie se ralliait, c'était le moment d'atteler ses pièces et de gagner, à toute la vitesse de ses chevaux, du terrain en avant. On aurait probablement repoussé les derniers escadrons qui arrêtèrent la poursuite, on aurait pu rendre le combat d'artillerie décisif, surtout canonner avec succès les masses de l'adversaire qui se ralliaient, et on les aurait obligées à se retirer plus loin. *Le combat se serait terminé ainsi par une victoire pour la 1ʳᵉ division de cavalerie.* Il n'y eut rien de tout cela, et dans les circonstances où l'on se trouvait, il ne restait plus, en fin de compte, qu'à faire rejoindre la division par l'artillerie. Il était inutile de continuer, avec l'artillerie opposée, un combat qui n'avait plus de but.

Du reste, nous insisterons encore une fois sur les services importants que l'artillerie peut rendre à une division de cavalerie, en lui fournissant un appui solide pour ses ailes et en inondant de ses projectiles une partie du terrain par lequel peut aborder l'adversaire.

Il est certain que dans les missions diverses qui incombent à une division de cavalerie, la cavalerie est la chose principale; l'artillerie n'est qu'une arme accessoire, mais indispensable. Malgré cela, cependant, elle trouve souvent occasion, ainsi que nous l'avons esquissé plus haut, d'agir d'une manière décisive.

Nous ajouterons encore que, dans l'organisation de la division de cavalerie, les batteries ne doivent pas être affectées aux brigades, mais former un tout, placé directement sous la main du général de division. La réalité exige si souvent le concours d'un certain nombre de pièces sur différents points qu'on ne les retrouverait jamais à temps pour les moments décisifs, si l'organisation ne prescrit pas de réunir toutes les pièces, quand le détachement auquel quelques unes ont pu être affectées a terminé sa mission, et de les tenir ainsi prêtes pour l'action générale.

———

L'issue qu'a prise le combat de la 1re division de cavalerie se répétera la plupart du temps dans tous les cas où les deux adversaires ne présenteront pas *des différences sensibles* dans leur force, la constitution de leurs troupes et l'habileté du commandement. Les forces s'engagent successivement et rapidement, le combat se transforme à tout instant et le sort se prononce alternativement en faveur de chacun des adversaires; les derniers escadrons compacts parviendront peut-être encore à séparer les combattants, mais ils n'auront plus la force d'arracher un résultat décisif. Celui qui poursuit finit par tomber sous le feu de l'infanterie, ou bien les deux artilleries rentrent en scène et balayent de nouveau le champ de bataille, aussitôt qu'il se trouve dégagé, elles forcent les troupes qui se rallient à opérer leur ralliement plus en arrière et éloignent ainsi les deux adversaires.

L'histoire militaire présente donc aussi un grand nombre de duels de cavalerie, où les deux partis se sont attribué la victoire, mais qui ont fini, par le fait, par ramener les deux adversaires à se rallier sur les points mêmes d'où ils sont partis pour marcher à l'attaque.

Mais, d'un autre côté, elle nous montre aussi, dans maints exemples, que *la supériorité dans le commandement* produit des résultats brillants et décisifs, et que, même avec une infériorité de forces, celui qui sait faire un usage habile des attaques de flanc, peut remporter la victoire sur un adversaire de beaucoup supérieur en nombre.

Dans tous les cas, il importe de ne pas livrer des combats en pure perte et d'être toujours fixé d'avance sur le but qu'on poursuit et sur son utilité. Il ne s'agit pas seulement de se mesurer de gaîté de cœur avec l'adversaire, mais surtout d'atteindre un but qui réponde aux exigences de la guerre. Les sacrifices considérables qui vous attendent ne seront pas alors sans fruit. Mais tout cela regarde le commandement et dépend de son habileté.

Il est bien tentant pour le brave cavalier de se jeter tête baissée sur la cavalerie ennemie aussi-tôt qu'il l'aperçoit. Il faut rendre hommage, sans doute, à ce sentiment chevaleresque, et l'entre-tenir surtout avec le plus grand soin. Mais il est indispensable qu'il soit guidé par la réflexion et réglé par l'intérêt général. Sinon la cavalerie se ruine prématurément et se rend incapable pour les nouvelles missions qui l'attendent sur le champ de bataille.

Il est essentiel aussi qu'il ne se manifeste qu'en temps et lieu, et qu'il sache s'inspirer des néces-sités spéciales du combat. L'avantage sera pour celui dont le règlement répond le mieux aux exi-gences de la réalité, et qui s'en est incrusté en chair et en os l'esprit et les formations. Mais, avant tout, il faut que les généraux de cavalerie soient pénétrés de l'esprit de ce règlement et aient appris à le manier avec la plus grande assurance.

Il est certain que les exercices du temps de paix ne peuvent jamais vous représenter l'image com-plète et détaillée d'un combat de cavalerie. C'est à l'imagination et à l'intelligence à y suppléer par le travail. Plus on se rapprochera de là réalité, plus on pourra en tirer des conclusions fondées qui sont indispensables pour l'établisse-ment d'un règlement rationnel.

Nous avons essayé dans cette étude, en nous basant sur notre règlement actuel, de présenter en détail les diverses exigences qu'un grand combat de cavalerie impose à la formation et au mode d'action des troupes.

Si l'on compare le résultat avec les principes qui ont été posés et les formations qui ont été prescrites par le titre V de notre nouveau règlement, on pourra se convaincre que les exigences de la réalité, telles que nous les avons présentées, ne sont nulle part et sur aucun point essentiel en contradiction avec ces principes, et qu'elles sont, au contraire, complétement d'accord avec eux.

Il est évident que cette partie du règlement est, comme tous les règlements, susceptible d'améliorations ; l'essentiel est d'avoir une base qui satisfasse aux nécessités de la vie pratique. Nous sommes assez heureux pour en posséder une ; il s'agit de s'en incruster en chair et en os l'esprit et les formations. Le reste se développera peu à peu dans la suite. Qu'on n'oublie pas, à cet égard, le vieux proverbe : Le mieux est l'ennemi du bien.

Toutefois, si le travail et l'imagination peuvent suppléer sur bien des points au champ d'exercice, ils ne sauraient donner au général *l'assurance voulue dans l'application du règlement*. Elle ne peut s'acquérir que par la pratique. Mais dans la cavalerie, où la décision doit tomber comme l'éclair, où les erreurs et les retards ne peuvent presque jamais se réparer, c'est certainement l'instruction la plus difficile. Il n'en est que plus impérieux de réunir chaque année les

régiments de cavalerie en divisions et de les faire
manœuvrer d'après des règles qui sont les mêmes
pour toute l'armée.

LA DIVISION DE CAVALERIE DE 11 HEURES DU MATIN A LA FIN DU JOUR.

Tandis que la division était occupée à se reformer, l'on aperçut du côté de Schweigen des
colonnes épaisses qui s'approchaient d'Altenstadt;
un instant après, le commandant du Ve corps parut
aux environs de Gutleithof. Le général A. s'y
rendit aussitôt. Là il apprit que le général en chef
avait fait marcher ce qu'il avait encore en arrière
et que les colonnes en vue étaient des troupes de
la 10e division.

Il fut convenu que la division de cavalerie resterait au sud de Gutleithof jusqu'à ce qu'on n'eût
plus d'attaque à craindre. Si l'ennemi faisait
mine d'attaquer, le Ve corps viendrait en première
ligne et se chargerait de la défense du terrain
compris entre Riedseltz-Oberdorf et le Niederwald. Lorsqu'on serait convaincu que l'ennemi
ne s'avancerait plus dans la journée, la division
de cavalerie prendrait alors ses cantonnements
à Altenstadt, Schweigen, Rechtenbach, Schweighoffen et Saint-Remy, et lancerait quelques
escadrons seulement en avant pour conserver le
contact et maintenir la communication avec le
XIe corps.

Pendant cet entretien, on fut informé que les
cuirassiers ennemis se retiraient par la route de

Fort-Louis et qu'ils étaient suivis par l'escadron
de hussards laissé en observation à l'aile gauche.
Aussitôt après, on entendit quelques coups de
canon dans la direction du sud-est.

Les deux généraux se rendirent sur une petite
hauteur au nord-est de Riedseltz-Oberdorf (185).
De là on aperçut à la lunette, à environ 5,000
mètres sur le bord de la route de Fort-Louis, une
batterie dont le feu paraissait dirigé vers l'est.
Des obus éclataient aussi dans le voisinage de la
route, mais on ne pouvait découvrir les pièces
qui les tiraient. En tout cas, il était hors de doute
qu'il devait y avoir des troupes du XI° corps aux
environs de Siegen. Comme on voyait distinctement les cuirassiers se retirer, on ne crut pas
nécessaire de faire venir des troupes de Wissem-
-bourg : leurs colonnes défilaient déjà entre Oberseebach et Niederseebach, où elles disparurent
dans le bas-fond. La vue était assez bornée à
l'ouest par les ondulations du sol; néanmoins, les
nuages de poussière soulevés par ces colonnes
confirmaient encore l'idée qu'elles continuaient
leur marche au sud-ouest d'Oberseebach.

L'escadron de uhlans, qui se trouvait encore en
avant de la division de cavalerie, se tenait à la
station de Riedseltz-Oberdorf. Mais ses patrouilles
ne pouvaient circuler et étaient tenues en échec
par les chasseurs ennemis.

Si les troupes du XI° corps s'avançaient plus
loin, il fallait cependant bien les soutenir avec la
division de cavalerie, et déjà le général se dispo-

sait à reporter ses régiments en avant, lorsqu'il reçut une dépêche de l'avant-garde du XIᵉ corps qui rendit cette mesure complétement inutile. Cette dépêche disait que l'avant-garde du XIᵉ corps venait d'entendre le canon (lors du combat de la cavalerie) et qu'elle se portait entre Siegen et Oberlauterbach, pour être prête à entrer en ligne au moment opportun.

On répondit que la cavalerie avait été engagée, mais qu'on n'avait pas l'intention de continuer le combat et que du reste l'ennemi paraissait se retirer.

La retraite de l'adversaire se confirma en effet. La batterie ennemie qui était en position sur la route de Fort-Louis avait déjà cessé son feu et suivi les autres batteries avec un escadron de cuirassiers; les chasseurs reculèrent lentement vers le sud devant les patrouilles de l'escadron de uhlans, et aussitôt après on reçut avis de l'escadron de hussards, qui s'était porté au-delà de Frohnackerhof, que les cuirassiers continuaient leur marche dans la direction d'Aschbach et qu'on était en communication avec l'avant-garde du XIᵉ corps qui avait pris position à Siegen.

Le commandant du Vᵉ corps avait reçu sur ces entrefaites divers renseignements de la 9ᵉ division d'infanterie. Ces renseignements disaient que la cavalerie ennemie, qui se trouvait sur la rive droite de l'Hausauerbach, se retirait sur Soultz. Le général se rendit alors avec son état-major sur le plateau du Geisberg, pour prendre les dispositions que réclamaient les circonstances.

Quant au commandant de la 1re division de cavalerie, il crut maintenant pouvoir donner à ses troupes le repos dont elles avaient grand besoin. Il était déjà plus de midi et la chaleur était devenue très grande.

Malgré la présence des avant-postes du Ve corps, à qui incombait le soin d'observer l'ennemi, le général A. voulut de son côté se tenir constamment renseigné sur la situation de l'adversaire. Il donna, en conséquence, la mission suivante au commandant du 2e régiment de hussards : « Vous resterez avec deux escadrons de votre régiment, y compris celui qui se trouve déjà en avant, sur la rive gauche de l'Hausauerbach, et vous suivrez la piste de l'adversaire jusqu'à ce que vous ayez constaté l'emplacement de ses avant-postes; vous laisserez ensuite des patrouilles en observation qui ne devront jamais le perdre de vue et vous vous attacherez à tous ses mouvements, de manière à pouvoir indiquer sa position à tout instant. Je vous laisse libre de passer la nuit où vous voudrez; l'essentiel est que je sache où vous trouver. Si vous le jugez à propos, vous pourrez même vous replier sur l'avant-garde du XIe corps. En tout cas, il faudra toujours vous tenir en communication avec elle ; vous renverrez aussi l'escadron de uhlans à sa brigade, à Saint-Remy, quand vos hussards auront relevé ses patrouilles. »

Un escadron du 1er dragons fut laissé avec une mission analogue sur la rive droite. Il devait se diriger sur Steinseltz.

Le général recommanda à ces escadrons d'envoyer des rapports fréquents et de les lui faire parvenir à Altenstadt, ainsi qu'au quartier général du V⁰ corps, à Wissembourg.

Le chef d'état-major avait indiqué leurs emplacements aux brigades : Schweigen et Rechtenbach furent assignés à la brigade de dragons, Altenstadt et les Picards à la brigade de hussards, la ferme de Bayrisehhof à l'artillerie, Saint-Remy et Schweighoffen à la brigade de grosse cavalerie. L'ambulance devait se rendre à Wissembourg, lorsqu'elle aurait fini ses opérations sur le champ de bataille ; les blessés y avaient déjà été dirigés et son concours pouvait encore y être utile ; il fallait d'ailleurs compléter ses approvisionnements par de nouvelles réquisitions, etc.

Les brigades gagnèrent leurs quartiers respectifs. Les dragons s'y rendirent, en passant par Wissembourg, afin de ne pas gêner la marche de la 10⁰ division, et les hussards par Saint-Remy.

A 7 heures, elles devaient envoyer chercher les ordres à Altenstadt, où se rendit le général A.

Quant à la 10⁰ division, une brigade bivouaqua à Gutleithof, le gros de ses avant-postes à cheval sur la route de Fort-Louis, à hauteur de Riedseltz-Oberdorf, que l'on occupa. La 2⁰ brigade vint à Wissembourg. La 9⁰ division occupa Riedseltz et les villages en amont de la Seltz, ainsi que Rott, et fit bivouaquer son gros sur les hauteurs au sud de Wissembourg. Des détachements spéciaux furent chargés de couvrir les routes de Climbach et de la vallée de la Lauter ; l'artillerie de corps bivouaqua également au sud de Wissembourg.

Les prisonniers non blessés, qui ne comptaient, du reste, que deux officiers et trente-sept hommes, furent interrogés à fond à Altenstadt, où ils avaient été conduits. Le résultat de leur interrogatoire pouvait se résumer ainsi :

On était définitivement fixé sur la composition de la cavalerie ennemie. *La cavalerie du* 1ᵉʳ *corps d'armée* comprenait trois brigades :

<pre>
1ʳᵉ brigade : 2ᵉ lanciers et 1ᵉʳ dragons,
2ᵉ   »   7ᵉ chasseurs et 8ᵉ hussards,
3ᵉ   »   8ᵉ et 9ᵉ cuirassiers.
</pre>

Les régiments avaient chacun quatre escadrons, un escadron de chaque régiment léger avait été détaché aux divisions d'infanterie. On pouvait ainsi s'expliquer pourquoi le 7ᵉ chasseurs n'avait montré que trois escadrons, et se rendre compte de la présence d'un escadron de hussards avec l'infanterie à Soultz.

La division de cavalerie de réserve comprenait les 4ᵉ, 5ᵉ, 6ᵉ et 7ᵉ cuirassiers, répartis en deux brigades, ainsi que deux à trois batteries à cheval.

Cette division était venue par Haguenau en deux marches forcées et était arrivée en première ligne, au sud de l'Engelbach, le 1ᵉʳ août dans l'après-midi.

L'infanterie que l'on avait aperçue la veille à Wœrth était la 2ᵉ brigade de la 1ʳᵉ division.

Quant aux autres troupes que l'on avait rencontrées, on avait recueilli d'un sous-officier du 4ᵉ cuirassiers un renseignement qui paraissait assez insignifiant, mais qui par le fait était des plus importants. Au dire de ce sous-officier, au moment où la division traversait Haguenau, le 1ᵉʳ août, elle avait été obligée de s'arrêter longtemps pour laisser passer de fortes colonnes d'infanterie et d'artillerie. On lui demanda si ces colonnes avaient suivi la même route que la cavalerie, par la forêt de Haguenau ; il répondit que non, qu'elles venaient de la droite et qu'elles l'avaient croisée par la grande route, qui se dirige vers la gauche. Comme l'on avait observé ce jour-là la marche de la 2ᵉ brigade de la 1ʳᵉ division sur Wœrth, on était porté à croire que ces troupes étaient celles dont parlait le sous-officier. Cependant, en tenant compte des conditions de temps et de l'assertion du sous-officier qui prétendait avoir compté quatre batteries, la chose paraissait assez invraisemblable.

Ces renseignements vinrent s'ajouter à ceux qu'on possédait déjà sur l'adversaire et on les compara avec ce qu'on avait vu dans les journées des 1ᵉʳ et 2 août.

L'adversaire avait d'abord concentré ses troupes aux environs de Strasbourg et les avait ensuite échelonnées vers le nord.

Dans cette situation, il pouvait tout aussi bien

11

avoir l'intention de passer le Rhin que de prendre l'offensive vers le nord ou de s'opposer de front à un mouvement offensif de la III° armée.

Les premiers jours avaient déjà fait reconnaître cependant qu'il lui était difficile de songer à passer le Rhin, car la position qu'il occupait sur le fleuve même ne couvrait nullement cette opération contre un mouvement de la III° armée.

Il semblait ressortir des observations du 1er août que l'adversaire ne s'attendait pas à voir l'armée du nord prendre aussitôt l'offensive; il se contenta d'envoyer successivement quelques régiments de cavalerie à Soultz.

Ensuite, la présence de grandes forces de toutes armes à la lisière de la forêt de Haguenau indiquait que l'adversaire tenait essentiellement à la ligne de Haguenau à Wissembourg.

Mais aussitôt après, on reconnut les efforts qu'il faisait pour conserver avant tout la position de Wœrth, point de concentration de routes importantes, nœud de communications au delà des Vosges.

Ce résultat obtenu, l'ennemi se borna à porter, le 2 août, des avant-gardes à quelque distance en avant, l'aile gauche à deux lieues et demie, l'aile droite à une lieue et demie. En tout cas, l'infanterie qui se trouvait en première ligne formait, avec une forte cavalerie, une avant-garde qui couvrait tout aussi bien la route de Wissembourg à Soultz que celle de Wissembourg à Wœrth.

Les mouvements du gros de l'armée du sud

étaient donc complétement masqués, et il fallait
dès lors rechercher quelles pouvaient être les
intentions de l'adversaire.

Ces intentions pouvaient être offensives ou
défensives. Si l'ennemi voulait reprendre la
Lauter ou la franchir, le mouvement en avant
fort peu accentué, qu'il avait exécuté dans la
journée, indiquait qu'il n'avait pas encore groupé
complétement ses masses pour cette opération.
Sinon, il aurait certainement poussé au delà de
Drachenbronn et de Soultz, car toute minute de
retard ne pouvait que profiter à la IIIe armée.

Le prix que l'ennemi semblait attacher à
la route de Drachenbronn et la présence des
troupes qui s'étaient montrées à l'est de Soultz,
où l'on n'avait aperçu qu'une forte cavalerie,
faisaient toutefois supposer que la concentration
de ses masses se ferait plutôt du côté de Wœrth
que dans la direction de Haguenau.

En admettant même qu'il voulût rester sur la
défensive, la position prise par son avant-garde
indiquait également un rassemblement du gros
de ses forces dans la direction de Wœrth.

La position de Wœrth paraissait, d'ailleurs,
présenter d'assez grands avantages. Là, l'adversaire restait en communication avec son armée
principale; il avait derrière lui une des grandes
routes qui traversent les Vosges; il se trouvait en
même temps sur le flanc de la IIIe armée, qu'il
pouvait tenir en échec, et était en mesure de défendre efficacement l'Alsace.

En résumé, on pouvait conclure que la marche subite de la 1re division de cavalerie avait visiblement surpris l'adversaire, hâté et probablement précipité ses mouvements. Quant aux intentions qu'il pouvait avoir dans le moment, ce qui était certain, c'est que pour le combattre, il fallait porter, par un mouvement concentrique, les colonnes de la IIIe armée dans la direction de Wœrth et de Soultz.

Les événements de la journée et les conclusions qu'on en avait tirées furent portés à la connaissance de la IIIe armée par la dépêche suivante, et complétèrent le télégramme qui lui avait été adressé auparavant.

Au grand Quartier-Général de la IIIe armée, à Landau.
Altenstadt, le 2 août, 1 h. 30 m. du soir.

La cavalerie ennemie a été poursuivie après un combat acharné jusqu'à Oberseebach et a opéré sa retraite par Aschbach. L'infanterie s'est arrêtée à Drachenbronn et à Schœnenbourg. De nombreux indices font pressentir un mouvement de retraite du gros de l'armée dans la direction de Wœrth. La division est cantonnée à Altenstadt et au nord du village. Le Ve corps est concentré au sud de la Lauter. L'avant-garde du XIe corps est arrivée à Siegen. On continue à observer l'adversaire. Nos pertes sont assez considérables.

1re division de cavalerie.

Dans le courant de l'après-midi, il arriva de nombreux renseignements de la part des escadrons restés en contact avec l'adversaire. Ces renseignements, joints à ceux qu'on reçut des avant-postes du V° corps, contribuèrent à éclairer la situation. Les masses de cavalerie qui formaient l'aile droite de l'adversaire paraissaient s'être retirées au delà de l'Engelbach ; elles n'avaient laissé, sur la rive gauche, que des avant-postes de chasseurs et de cuirassiers sur les hauteurs d'Aschbach et de Stundwiller.

Schœnenbourg était occupé par de l'infanterie ; à l'est du village se trouvaient des vedettes de lanciers. On avait rencontré des grand'gardes d'infanterie sur les hauteurs entre Keffenach et Birlenbach, et découvert un petit camp à Drachenbronn, où il pouvait y avoir un bataillon et une batterie. Les deux rives de l'Hausauerbach étaient sillonnées de patrouilles de cavalerie.

Le commandant du 2° hussards fit connaître, de son côté, qu'il s'était avancé avec ses deux escadrons jusqu'à Niederseebach et qu'il s'était ensuite retiré sur Riedseltz-Oberdorf, où il passerait la nuit. Sur la droite, l'escadron de dragons était allé jusqu'à Bremmelbach ; de là il avait pu constater la présence de troupes d'infanterie sur les hauteurs de Birlenbach, et avait regagné ensuite Steinseltz. Les deux détachements se tenaient continuellement en contact avec l'adversaire au moyen de leurs patrouilles.

Le XI° corps, avec lequel on s'était relié plus

intimement, et auquel on avait aussi communiqué tout ce qu'on savait sur l'adversaire, donna à son tour les renseignements suivants : son avantgarde bivouaquait à l'ouest d'Oberlauterbach; elle avait ses avant-postes vers Tombach et Neudorf; un détachement occupait Wintzenbach et couvrait sa gauche. Le gros du corps avait été amené à Lauterbourg. Le régiment de hussards ennemis, qu'on avait eu jusqu'ici devant soi, semblait se diriger de Niederroderen sur Buhl.

Sur ces entrefaites, l'état-major de la division avait pris différentes dispositions. On avait réglé, entre autres, le transport des blessés et des prisonniers; on crut nécessaire aussi de reporter en arrière le dépôt de chevaux que la division avait formé à Wissembourg et qui s'était beaucoup augmenté dans la journée[1].

L'intendant fit son rapport sur la situation des subsistances : afin de parer aux imprévus, on avait envoyé quelques voitures aux brigades, aussitôt qu'on avait connu leur emplacement; on allait compléter le chargement au magasin de Wissembourg. L'organisation d'un convoi provisoire de fourrages avait déjà fait de grands progrès; les voitures ainsi que le convoi de vivres avaient été placés dans des villages au nord de Rechtenbach.

Quant aux munitions, le général avait prescrit au commandant de l'artillerie de s'adresser au

[1] Nous laissons de côté les détails que nous avons déjà exposés à propos des événements survenus la veille.

Vᵉ corps d'armée pour les compléter. Ce corps avait dirigé une de ses sections sur Bayrischhof, mais elle n'était pas encore arrivée. Les régiments de cavalerie avaient été invités à faire connaître le plus tôt possible à l'artillerie le nombre de cartouches dont ils avaient besoin.

Enfin, le chef d'état-major avait déjà, de son côté, préparé à grands traits la relation de la journée; il lui manquait toutefois encore divers renseignements qu'il espérait avoir par les officiers qui allaient venir chercher les ordres.

Ces officiers arrivèrent à 7 heures et apportèrent les rapports de leurs brigades. On put alors faire le relevé approximatif des pertes, qui avaient été assez considérables et se montaient aux chiffres suivants :

Officiers supérieurs :	2 officiers	1 homme	2 chevaux
1ᵉʳ régt de cuirassiers	5 »	73 »	61 »
1ᵉʳ » uhlans,	9 »	97 »	91 »
1ᵉʳ » dragons,	3 »	42 »	20 »
2ᵉ » dragons,	6 »	51 »	43 »
1ᵉʳ » hussards,	10 »	128 »	102 »
(y compris le combat du matin).			
2ᵉ » hussards,	4 »	31 »	38 »
Artillerie à cheval,	1 »	13 »	21 »
Total.	40 offic.,	436 h.,	378 ch.

Comme on s'était déjà concerté avec le Vᵉ corps d'armée sur les opérations à exécuter le lendemain, on put communiquer immédiatement l'ordre aux officiers réunis. Cet ordre prescrivait, dans

ses points essentiels, que la division serait réunie
à 7 h. et demie du matin à Gutleithof, prête à
se porter en avant; les bagages, etc., devaient
être rassemblés à 7 h. à Windhof, au nord-est
de Wissembourg, et leur escorte relevée.

Si les renseignements que donneraient les escadrons de première ligne forçaient à faire marcher
toutes les forces, le commandant de la division
avait l'intention de faire d'abord reconnaître l'infanterie ennemie par de fortes reconnaissances
et de porter la masse de sa cavalerie assez loin
pour les soutenir. Le général du Vᵉ corps d'armée
avait été informé de ces projets et les deux généraux s'étaient donné rendez-vous pour le lendemain à 7 h. au château du Geisberg, afin de se
concerter sur les mesures à prendre.

Lorsque les aides de camp eurent copié l'ordre
et reçu communication de tout ce qui les concernait, ils retournèrent à leurs brigades respectives. Le chef d'état-major, son rapport terminé et
envoyé au grand quartier-général, discutait avec
le général de division les dispositions à prendre
pour le lendemain, lorsqu'à 8 h. et demie arriva
un officier du quartier général du Vᵉ corps, por-
teur de l'ordre de l'armée suivant :

Quartier général de la IIIᵉ armée.   Landau, le 2 août.
    Sect. — Nᵒ   6 h. du soir.

L'ennemi a atteint avec son infanterie
les deux points de Drachenbronn et Schœnenbourg, situés sur les routes de Wis-

sembourg à Soultz et à Wœrth ; sa cavalerie (sept régiments environ), qui avait
poussé jusqu'à Oberseebach, a été refoulée
après un violent combat jusqu'à Aschbach
par la 1ᵣₑ division de cavalerie.

Le Vᵉ corps d'armée et la 1ʳᵉ division de
cavalerie sont réunis à Wissembourg ; le
XIᵉ corps a son avant-garde à Oberlauterbach, son gros à Lauterbourg. Les autres
corps ont terminé leur concentration à
Landau, Spire et Germersheim.

L'armée rejoindra demain, 3 août, les Vᵉ
et XIᵉ corps, qui resteront provisoirement
dans leurs positions et devront se maintenir
en contact avec l'adversaire.

Le IIᵉ corps bavarois se rendra à Wissembourg et bivouaquera au nord de la
Lauter, au bord de la route de Landau,
prêt à se porter probablement par Rott sur
Wœrth. Les trains du Vᵉ corps qui peuvent
se trouver encore au nord de la Lauter
seront transférés sur la route de Schweighoffen à Kapsweyer.

Le 1ᵉʳ corps bavarois se rendra de Germersheim à Langenkandel ; il est destiné
à servir de réserve, le 4 août, au IIᵉ corps
bavarois et au Vᵉ corps prussien.

Le corps badois et wurtembergeois se
rendra à Rheinzabern.

Le quartier général de l'armée prendra,
demain à midi, le chemin de fer pour se
rendre à Wissembourg.

Le XIe corps, ainsi que la 1re division de cavalerie seront jusqu'à nouvel ordre sous le commandement du général commandant le Ve corps.

Le général en chef.

Cet ordre mettait pour le moment un terme à la mission indépendante de la 1re division de cavalerie. Un aide de camp fut immédiatement envoyé à Wissembourg pour prendre les ordres du commandant du Ve corps.

OBSERVATIONS.

En prévision des nouvelles fatigues qui l'attendent, il semble assez naturel d'accorder quelque repos à la division de cavalerie, et il faut avouer qu'elle l'a bien mérité, car, depuis le 30 juillet, elle a été constamment en contact avec l'adversaire et a eu à soutenir un combat acharné; les journées, en somme, ont été très rudes. Malgré cela néanmoins, elle doit dépenser même jusqu'à son dernier souffle, tant qu'il lui reste quelque mission importante à remplir. Rien ne dit qu'elle ne va pas rentrer dans la lice et que l'ennemi ne tentera plus rien dans la journée contre le Ve corps. Qui sait si les escadrons de première ligne suffiront pour maintenir constamment le contact avec l'adversaire, et si la division de cavalerie pourra arriver à temps pour s'attacher de nouveau à ses pas et suivre ses mouvements?

Lorsque l'avant-garde du XIe corps fut arrivée aux environs de Siegen, la 1re division de cavalerie se trouvait, à notre avis, dans la meilleure situation pour se reporter en avant et reprendre possession du terrain qu'elle avait perdu.

L'apparition seule de cette avant-garde dans le flanc droit des masses de cavalerie de l'adversaire avait déjà suffi pour dégager la route de Fort-Louis et forcer cette cavalerie à se retirer à l'ouest de Niederseebach. En la poussant sur son front avec la 1re division de cavalerie, on avait à peu près la certitude que la cavalerie opposée se serait retirée immédiatement au delà de l'Engelbach.

La journée aurait donc très bien pu se terminer de manière à avoir la brigade de grosse cavalerie à Oberseebach et la brigade de hussards à côté d'elle; la brigade de dragons aurait été poussée jusqu'à l'ouest de Niederseebach, avec ordre de se tenir en communication avec le XIe corps, d'observer l'adversaire qu'on avait devant soi et de jeter au moins deux escadrons sur la rive opposée.

Il est vrai qu'alors la plus grande partie de la division aurait bivouaqué; mais, malgré tout ce que nous avons dit à cet égard, on ne peut généralement pas s'en dispenser, quand on approche du moment décisif. Il est certain que la division ne passera pas la nuit aussi tranquillement que de l'autre côté de la Lauter; mais elle n'est néanmoins exposée à aucun danger.

D'un autre côté, tout le monde dans la division comprend fort bien que les masses de cavalerie ennemie, qui nous avaient forcés à la retraite le matin, ont été refoulées à leur tour par la division jusqu'au point d'où elles étaient parties. Si l'on reprend possession de tout le terrain qui s'étend jusqu'à l'Engelbach, c'est à dire, si toute la division de cavalerie se reporte en avant, l'adversaire aura beaucoup de peine à laisser ses avant-postes sur les hauteurs d'Aschbach et de Stundwiller.

La division aurait eu ainsi son flanc droit couvert par l'Hausauerbach et par le Ve corps, qui assurait en même temps ses derrières; sa gauche se serait appuyée à l'avant-garde du XIe corps, qui était prête à la soutenir. Mais surtout, elle fermait complétement le vide entre ces deux corps d'armée, les reliait plus intimement entre eux et masquait tous les mouvements que d'autres corps pouvaient exécuter en arrière.

Enfin, on restait réellement en présence de l'ennemi, à proximité du terrain où la division aurait tout d'abord à opérer, prête à reconnaître à chaque instant les mouvements de l'adversaire et à en profiter, résultat que l'on ne peut attendre de quelques escadrons seulement poussés en avant.

Il est certain que des escadrons détachés isolément, comme nos deux escadrons de hussards et notre escadron de dragons sur les deux rives de l'Hausauerbach, peuvent avoir leur utilité; mais quand les armées s'approchent l'une de l'autre, les masses de la cavalerie doivent aussi rester en présence, et le rôle des escadrons détachés est plutôt de faire sentir leur action sur les flancs.

Même en se retirant, comme on le fit, derrière la Lauter, il n'en fallait pas moins chercher sans cesse à se procurer des nouvelles de l'ennemi. Les trois escadrons qu'on a laissés en observation suffisent bien momentanément pour voir les mouvements généraux de l'adversaire, et c'est même là leur rôle proprement dit. Mais si l'adversaire se porte en avant, ils ne peuvent s'opposer à sa marche; ils ne pourront même pas rester en position s'il se retire et qu'il laisse des forces supérieures devant eux. Il faudra un certain temps avant que la division soit prévenue et puisse se porter en avant.

On ne saurait trop insister sur la différence à établir dans le rôle de la division, quand les deux armées sont encore à une assez grande distance l'une de l'autre, ou quand leurs avant-gardes peuvent en venir aux mains à tout instant.

Dans le premier cas, il suffit que *pour la fin de la journée* elle ait pu reconnaître aussi loin que possible les mouvements de l'ennemi; quand ses escadrons d'éclaireurs ont signalé la présence de l'adversaire dans quelque direction, il importe peu qu'elle ne prenne cette direction que dans une ou plusieurs heures. Dans le second cas, les mouvements de ce dernier une fois démasqués, il est indispensable de *suivre immédiatement ses traces* et de s'attacher à ses pas; sinon la division sera débordée par les événements *qu'elle doit prévenir*.

Malgré les fatigues qu'elle avait supportées et les pertes qu'elle avait subies, la division n'avait pas le droit de s'octroyer le repos que devait lui procurer sa retraite en arrière de la Lauter.

Plus les armées se rapprochent, plus les exigences que la direction des masses impose à la cavalerie deviennent impérieuses. Quand les corps d'armée sont encore à grande distance, les faux mouvements peuvent se redresser à temps; mais cela devient impossible lorsqu'ils se trouvent presque en présence. La cavalerie seule est à même de fournir d'une manière continue tous les renseignements désirables en pareil cas; c'est à elle d'éclairer le commandement par tous les moyens dont elle dispose; elle doit se garder de se relâcher et d'abdiquer son rôle pour l'abandonner aux corps d'armée.

Si néanmoins le commandant de la division ne voulait pas se reporter en avant et pousser jusqu'à Oberseebach et Niederseebach, il pouvait au moins passer la nuit à Schleithal et à Salmbach; cela valait encore mieux que de se retirer derrière la Lauter.

Quant au remplacement des munitions, il se serait opéré sans difficulté, soit à Oberseebach, soit à Schleithal, et les voitures de vivres ou de fourrages auraient pu facilement se rendre sur l'un ou l'autre de ces points.

Il y a encore un point capital qui doit attirer notre attention : *la 1ʳᵉ division de cavalerie et le XIᵉ corps d'armée ont été placés sous les ordres du général commandant le Vᵉ corps*. La raison en est bien simple : on voulait assurer l'unité de direction pour le cas où les corps les plus rapprochés de l'ennemi devraient s'engager avant l'arrivée du général en chef.

Il est évident que là où plusieurs corps d'armée se touchent, il faut qu'ils puissent agir avec cette unité de vues sans laquelle il ne pourrait survenir que des frottements et des conflits regrettables, soit dans les mouvements, soit sur le champ de bataille.

Toutefois, dans la situation actuelle, cette mesure n'était pas indispensable. L'adversaire a encore besoin de quelques heures pour mettre en marche le gros de ses forces; il suffisait, par conséquent, que le grand quartier général, en attendant son arrivée qui, du reste, ne pouvait tarder, se contentât de dire simplement :

« Le Vᵉ corps gardera les hauteurs au sud de Wissembourg. Si l'ennemi les attaque, le XIᵉ corps d'armée et la 1ʳᵉ division de cavalerie s'y porteront avec toutes leurs forces. »

Au reçu du premier télégramme annonçant la marche de l'ennemi, le grand quartier général partira certainement sans retard de Landau. Il est possible qu'à son arrivée il trouve le Vᵉ corps déjà engagé; mais la division de cavalerie est prête de son côté, et le XIᵉ corps se sera lui-même

mis en marche. Par conséquent, toutes les mesures que pouvait prendre le grand quartier général, en supposant même qu'il fût arrivé plus
tôt, étaient déjà en voie d'exécution, et il pouvait
prendre en main la direction du combat.

Il en est tout autrement quand des divisions
d'infanterie ou des corps d'armée sont détachés
avec une division de cavalerie pour remplir une
mission indépendante, qui les éloigne des armées
principales. Il est indispensable alors de placer
aussi la division de cavalerie sous les ordres du
commandant du corps d'armée. Il en est de même
quand deux divisions, l'une d'infanterie, l'autre
de cavalerie, sont détachées en même temps; c'est
l'ancienneté des deux généraux qui décide, à moins
qu'on ne nomme un commandant spécial.

Sinon il faut, en principe, laisser la division de
cavalerie sous la direction même du grand quartier général, qui doit la considérer comme un
corps d'armée indépendant et la diriger en conséquence; ce n'est que par exception qu'on peut
la mettre sous le commandement d'un corps
d'armée.

Du reste, l'expérience nous montre qu'en pareil
cas, il se produit très souvent de grands inconvénients. Si l'on prend, en effet, ce dernier parti,
lorsque l'armée se trouve encore concentrée, la
cavalerie ne sera souvent employée que dans l'intérêt même du corps d'armée auquel elle est par
le fait attachée et non dans l'intérêt général de
l'armée, et sera même souvent assez malmenée

Il faut vraiment ne pas se sentir à la hauteur de
sa mission pour désirer se dégager ainsi de toute
responsabilité et chercher à se placer sous l'égide
d'un corps d'armée.

Lorsque la division entre en opérations, on ne
peut évidemment se dispenser de lui donner certaines instructions; il faut lui faire connaître les
intentions du général en chef de l'armée, ainsi
que l'ensemble de la situation. Mais une fois
qu'elle s'est mise en contact avec l'adversaire,
elle n'abdique pas encore la mission qui lui incombe en avant de l'armée et ne doit pas perdre
l'ennemi de vue. Notre 1re division de cavalerie
n'a donc pas besoin de nouvelles instructions pour
la journée du 3 août; et si on la met en ce moment
sous les ordres d'un commandant de corps d'armée, il est très probable que le lendemain on lui
rendra son indépendance, peut-être même qu'elle
la reprendra tout naturellement, si les mouvements de l'ennemi l'exigent.

Si, en effet, l'ennemi laisse l'initiative à la troisième armée, le IIe corps bavarois se portera probablement sur Soultz par Rott, en dérobant sa
marche dans les routes de la montagne, le Ve corps
s'y rendra directement, tous deux suivis par le
1er corps bavarois en réserve. La division de cavalerie n'aura dès lors rien à faire entre l'Hausauerbach et les montagnes; elle restera sur la rive
gauche et devra, comme le XIe corps, agir sur le
flanc et les derrières de l'adversaire.

Pour terminer, nous dirons encore un mot des

12

pertes de la division de cavalerie. Ces pertes, pour la journée du 2 août, se montent à environ 470 hommes, officiers compris. Les différents relevés que nous en avons donnés ne sont en rien des chiffres imaginaires, ils sont l'expression même de la réalité.

Si l'on tient compte des pertes subies les jours précédents et du nombre approximatif des malades et des hommes qui ont conduit en main ou dirigé sur le dépôt une masse de chevaux en plus de l'effectif, on arrive à un total d'environ 775 hommes et 550 chevaux. Par conséquent, dans les trois premiers jours de la campagne, avant même que l'infanterie ne puisse entrer en ligne, la division a déjà perdu le cinquième de son effectif.

Il y a là un fait sur lequel on ne saurait trop insister. *Il se reproduira inévitablement quand les deux adversaires sauront employer leur cavalerie dès le début.* Il faut s'attendre à de pareilles pertes, même avant le choc des grandes masses; on ne saurait trop se familiariser avec cette pensée, afin que la réalité ne vienne pas entraver l'initiative ou influencer d'une manière fâcheuse la netteté des décisions. Sinon, l'on se figure que sa cavalerie va être ruinée avant le jour décisif, et on la tient alors en arrière pour la ménager, c'est à dire qu'on la laisse inactive et qu'on ne l'utilise pas.

Or, toutes les armes doivent être employées là où elles peuvent servir l'intérêt général. Si notre cavalerie, malgré le soin qu'on apporte à combler

ses vides, voit son effectif diminuer considérablement pendant la campagne, il en est de même
chez l'adversaire. Mais il faut accomplir les différentes missions que le général en chef vous a
confiées et répondre à ce qu'il attend de votre
cavalerie, au risque même de laisser se fondre les
régiments et de voir leur effectif se réduire au
dessous de 200 chevaux.

Mais si la réalité diminue si rapidement et
d'une manière si sensible l'effectif de la cavalerie,
même lorsqu'elle est bien menée et conduite avec
intelligence, les pertes inutiles ne pourront que
peser davantage dans la balance. Or, il s'en produit de telles et des plus regrettables, quand on
use ses forces par des bivouacs incessants, par un
va-et-vient perpétuel de toutes les masses, ou
quand on la sacrifie en pure perte dans des combats irréfléchis. Mais ces pertes, auxquelles ne
peut même échapper une cavalerie bien comman-
dée, ne sont jamais sans résultat utile et contri-
buent toujours à l'intérêt général.

Ces faits, qui se reproduiront dans toutes les
campagnes où la cavalerie aura été employée en
masse et convenablement, imposent aussi, d'un
autre côté, l'*obligation de la porter en avant aussi
rapidement que possible et avec toutes les forces
dont elle peut disposer*, *c'est à dire dans une organisation solide et complète à tous les points de
vue*.

Dans notre exemple, la 1re division de cavalerie
n'aurait pas été aussi affaiblie si la troisième armée

avait pu avoir dès le début une deuxième division sur son front. Le combat de nos hussards à
Niederroderen aurait été livré alors par cette dernière, et aurait évité de grandes pertes à la 1ʳᵉ division ; il est même à peu près certain que celui de
Frohnackerhof n'aurait pas eu lieu, et qu'on aurait refoulé, avec les masses des deux divisions
réunies, la cavalerie ennemie derrière son infanterie. L'on aurait pu alors tout à son aise reconnaître sans peine la situation de l'adversaire.

En admettant même que le chiffre total des
pertes fût aussi élevé que dans notre exemple,
elles ne pèseraient pas sur une seule division et
seraient probablement réparties sur les deux.

Si les exigences qui se sont imposées jusqu'ici
se répétaient pendant un certain temps, et qu'elles
fussent accompagnées de pareils sacrifices, comme
il faut l'admettre, du reste, la division serait bientôt hors d'état de rien faire. Si l'on partage, au
contraire, la mission entre deux divisions, l'effort
sera moindre pour les deux, et les pertes également diminuées dans la même proportion. Ces
corps d'armée seront affaiblis, mais ils n'en resteront pas moins en état d'agir. Au reste, nous
voyons que la 1ʳᵉ division de cavalerie remplit
complétement sa mission, du moins au début,
mais qu'elle ne tarde pas à se replier sur les Vᵉ
et XIᵉ corps ; nous voyons en même temps que la
cavalerie de ces corps d'armée est obligée d'entrer
en ligne aux deux ailes de la zone à éclairer, et
enfin, que leur infanterie devient plus tard néces-

saire pour occuper Wissembourg, ainsi que les ponts de la Lauter et de Riedseltz-Oberdorf, etc.

Nous pouvons donc répondre maintenant à la question que nous nous sommes posée à la première partie, qu'*une division de cavalerie ne suffit pas pour éclairer le théâtre d'opérations d'une armée aussi considérable que la troisième armée, ni pour remplir toutes les missions qui sont de sa compétence.*

Si l'on ajoute à cela que le théâtre d'opérations lui-même était assez étroit et resserré entre le Rhin et les montagnes, nous sommes conduit à répéter encore une fois le principe que nous avons déjà souvent exposé :

Qu'une armée doit mettre dès le début sur son front toutes les masses de cavalerie dont elle peut disposer.

Après cette digression, nous terminerons par la question la plus importante pour notre étude :

Les pertes relativement grandes qu'a subies la 1re division de cavalerie, dans les trois journées d'opérations, ont-elles au moins été compensées par quelque résultat ?

Pour y répondre, il suffit de rechercher si la troisième armée avait un intérêt spécial à lancer immédiatement sa cavalerie en avant.

Dans la situation où se trouvait la troisième armée le 29 juillet, c'est à dire, le jour où la division de cavalerie recevait l'ordre de commencer ses opérations, *il était de la plus haute importance d'être informé sans retard des mouvements de l'adversaire, dans le cas où celui-ci prendrait l'offensive.*

La troisième armée n'était pas encore complétement formée et n'avait pas encore assez de forces sous la main pour s'opposer d'une manière sérieuse à l'initiative de l'adversaire; elle ne pouvait tout d'abord que réunir ce qu'elle avait déjà de disponible pour parer aux éventualités. *Pour assurer cette première concentration, il était indispensable de porter la cavalerie en avant.* Plus elle pousserait au loin, plus cette opération pouvait se faire avec sécurité. On pouvait, dès lors, achever tranquillement la concentration générale par les voies ferrées, telle qu'elle était prescrite par le plan de mobilisation. Il n'est pas nécessaire d'insister pour montrer tout le désordre et les conséquences fâcheuses qu'entraînent à leur suite des modifications qui surviennent pendant cette période critique. De pareilles modifications se seraient forcément imposées, si l'ennemi, en supposant qu'il sût se servir de sa cavalerie, avait paru devant les avant-postes de la troisième armée et si l'on s'était vu menacé d'être attaqué à tout instant par son infanterie.

C'est une influence de cette nature que l'apparition subite de la 1re division de cavalerie sur le territoire ennemi avait exercée sur l'adversaire. Son séjour à Strasbourg, d'où il ne pouvait couvrir la frontière, la retraite de sa cavalerie, indiquaient une certaine appréhension à prendre le contact avec la troisième armée, ce qui ne peut

s'expliquer que par la situation de l'armée du sud,
qui n'était pas encore en état d'entrer en opérations. Son attitude dans les derniers jours, l'apparition successive de sa cavalerie, sa précipita-
tion à occuper Woerth, la marche prudente de
ses avant-gardes d'infanterie les 1ᵉʳ et 2 août, tout
cela ne pouvait que confirmer cette appréciation.
*Le mouvement de la 1ʳᵉ division de cavalerie avait
donc, dans tous les cas, porté dans la concentration de l'armée du sud un grand trouble, dont les
conséquences s'étaient probablement traduites par
des marches forcées, des irrégularités dans les dis-
tributions*, etc.

Il faut ajouter à cela que la division de cavalerie sillonnait le territoire ennemi, dont les au-
torités civiles se trouvaient paralysées, qu'elle
s'emparait des chemins de fer et des télégraphes,
qu'elle vivait enfin aux dépens du pays, agitait
les populations et portait la terreur au cœur même
de la monarchie.

On recueillit encore un autre avantage important : *La troisième armée put, en effet, occuper la
forte position de Wissembourg avant même que
l'adversaire y fût assez en forces pour s'y maintenir, et cela dans son propre pays; sans ce concours
de la cavalerie, elle n'aurait jamais pu s'en em-
parer sans coup férir.*

Pour le démontrer, reportons-nous à la situation générale, le 31 juillet, lorsque la division de
cavalerie franchit la frontière. La troisième armée
ne pouvait avoir terminé sa concentration et être

prête à entrer en opérations que le 3 août, et cette
date avait été, par le fait, maintenue pour le gros
de l'armée. On n'était donc pas encore en mesure,
le 31 juillet, de livrer à Wissembourg un combat sérieux qui pouvait exiger un secours immédiat. C'est pour cette raison que le général commandant le V⁰ corps donna au détachement qui
suivit le général A. l'instruction la plus formelle
de ne pas se laisser entraîner dans une attaque
contre cette position. Il ne l'autorisait à occuper
la ville que dans le cas où la cavalerie ne rencon-
trerait pas l'ennemi devant elle. Cette instruction
répondait complétement à la situation; il fallait
éviter tout combat sérieux, du moment qu'on
n'avait pas encore assez de forces disponibles.

La marche de la cavalerie permit de constater
que l'on n'avait rien à craindre tout d'abord de
l'adversaire; on put dès lors occuper Wissembourg. Quand on y eut pris pied, on désira tout
naturellement s'y maintenir. Car on put facilement se convaincre que si l'ennemi s'y était
installé auparavant, ou s'il venait à repousser
maintenant le détachement du V⁰ corps avec de
grandes forces, il en coûterait beaucoup pour
reprendre la position. Peut-être même faudrait-il
livrer une bataille qui pouvait être perdue, vu les
circonstances où l'on se trouvait.

Sans la marche de la cavalerie, l'ennemi aurait
pu jeter le 1ᵉʳ ou le 2 août de grandes forces sur
Wissembourg, ainsi que cela eut lieu par le fait
en 1870. Mais le 31 juillet, lorsque la division se

fut portée au sud de la Lauter, la chose n'était
plus guère possible, ainsi que nous l'avons admis
dans notre étude, et n'aurait même probablement
pas eu lieu dans la réalité. Car, en admettant que
l'armée du sud eût très vite appris l'occupation
de Wissembourg par de l'infanterie, il est à peu
près certain qu'elle n'aurait pas connu la force de
ces troupes. En supposant même qu'elle eût été
fixée à cet égard, cette infanterie pouvait être ren-
forcée d'un moment à l'autre. Mais les raisons
qui empêchaient la troisième armée d'envoyer du
monde à Wissembourg avant d'avoir été suffisamment renseignée par la cavalerie, devaient
aussi être les mêmes pour le commandant de
l'armée du sud. Celle-ci ne pouvait pas non plus
envoyer un corps d'armée isolé attaquer la forte
position du Geisberg, où elle risquait de rencontrer une grande supériorité de forces, et de s'exposer à une catastrophe.

Nous croyons avoir démontré que *le mouvement
de la 1re division de cavalerie livra à l'armée l'importante position de Wissembourg et lui épargna
de grands sacrifices, qui eussent été inévitables s'il
avait fallu la conquérir au prix d'un combat* [1].

Nous signalerons encore un autre avantage
non moins important, c'est que *la division de
cavalerie permit au grand quartier général de
donner la direction voulue au gros de l'armée,
dans une période où l'on se trouvait encore à*

---

[1] En 1870, la IIIe armée ne put le faire parce que la division de cavalerie ne fut réunie que plus tard.

deux journées de marche des avant-gardes de l'ennemi.

Nous ajouterons que les appréciations que le général avait fini par se faire sur les mouvements de l'adversaire, et dont il donna connaissance au grand quartier général, étaient des plus justes. L'armée du sud, qui avait son premier point de concentration à Strasbourg, n'avait plus été en mesure de reporter à temps ses divisions sur Wissembourg pour défendre la frontière; elle n'avait pas voulu non plus courir le risque d'exposer au loin une division d'infanterie isolée complètement du reste de son infanterie pour reprendre la forte position déjà occupée par l'adversaire. Les ordres de l'armée du sud pour le 2 août, dont nous avons déjà donné le passage relatif à la cavalerie, prescrivaient simplement à la 1re division d'infanterie de prendre position sur la rive droite du ruisseau de Frœschwiller (de Lobsann à Soultz) pour couvrir la concentration de l'armée à Wœrth. Les avant-postes de cette division avaient été poussés, à cet effet, jusqu'à Drachenbronn et Schœnenbourg.

C'est sous la protection de cette avant-garde que le reste de l'armée du sud exécuta son mouvement sur Wœrth, où elle arriva les 2 et 3 août.

Mais le grand quartier général de la troisième armée savait maintenant exactement où trouver l'ennemi. Il pouvait diriger ses différents corps en conséquence et les rapprocher les uns des autres en approchant de l'adversaire, de manière à les faire agir de concert au moment

*voulu. La concentration prématurée des masses d'une
armée entraîne toujours de grands inconvénients pour
l'entretien et les mouvements des troupes ; il était donc
de la plus haute importance, pour la troisième armée,
de pouvoir donner des ordres en toute assurance, et si
elle a obtenu ce résultat, elle le doit à la 1re division
de cavalerie.*

On peut donc conclure de ces considérations
que les pertes qu'a subies la division de cavalerie
dans son rôle indépendant n'ont pas été inutiles,
mais qu'elles ont singulièrement facilité la tâche
de la troisième armée et contribué à l'intérêt
général.

Nous avons essayé dans cette étude d'exposer
dans tous leurs détails les diverses missions qui
incombent à une division de cavalerie détachée
en avant d'une armée et les différentes situations qui l'attendent sur le théâtre d'opérations.

Des questions d'organisation ont été traitées
d'abord dans cette étude. On a pu voir, par l'examen de situations déterminées, que le partage
d'une division en trois brigades de deux régiments, avec une division d'artillerie, répond lar-
gement à toutes les exigences qui se présentent,
soit dans les opérations, soit sur le champ de
bataille, et qu'il n'engendre aucun inconvénient.

Toutes les situations dans lesquelles une division de cavalerie peut se trouver en campagne, n'ont évidemment pas été épuisées dans ce travail; mais nous en avons pu aborder du moins les points essentiels qui se reproduiront presque toujours.

Nous signalerons, par exemple, la mission à donner à la division, les considérations multiples qui s'imposent à son chef, en l'entraînant sans cesse sur le terrain des grandes opérations, et exigent de lui une intelligence des plus approfondies des choses de la grande guerre.

Nous avons parlé ensuite de la marche de la division pour rechercher et trouver le contact avec l'adversaire, du concours de l'infanterie et des limites dans lesquelles on peut y faire appel. Nous avons vu la cavalerie ennemie refoulée et se retirant sur l'avant-garde de son armée, la division se maintenant en sa présence, puis se repliant devant les avant-gardes d'infanterie de l'armée du sud, et finissant par céder le terrain à la cavalerie supérieure de l'adversaire pour reculer enfin jusqu'à sur sa propre avant-garde.

Le cadre que nous nous étions tracé nous a permis de détailler certains points, mais surtout d'étudier le combat de cavalerie, depuis l'engagement d'un escadron isolé jusqu'à celui de la division entière, ainsi que le combat à pied dans l'offensive comme dans la défensive, et enfin le rôle de l'artillerie à cheval.

Si nous avons préféré dans notre exposé supposer maintes fautes dans le courant des opérations, c'est afin de pouvoir développer le cours des événements, tel qu'il se présente si souvent dans la réalité, et faire toucher du doigt maintes erreurs qui se reproduisent sans cesse sur le rôle de la cavalerie, quand on se présente en campagne sans une préparation suffisante et qu'on apporte à la guerre les errements du temps de paix.

Nous terminons ici ce chapitre du rôle d'une division de cavalerie. Sa situation spéciale a trouvé un terme le 2 août au soir; les jours suivants lui laisseront bien encore une certaine indépendance, mais limitée toutefois par la présence des autres grands corps d'armée avec lesquels elle se trouvera intimement reliée; car la troisième armée, qui se dispose à entrer en opérations, va nous amener à portée de l'infanterie ennemie. Les grandes rencontres, où les corps d'armée, comme les divisions de cavalerie, vont déployer toute leur activité et la concentrer en un but commun pour la bataille, deviennent inévitables. A ces chocs succéderont la poursuite, qu'il faudra exécuter, ou la retraite, qu'il faudra couvrir. Ce sont là évidemment des occasions où la cavalerie peut également jouer un grand rôle.

Nous nous trouverons satisfait, si ce premier travail est parvenu à imprimer le cachet de la réalité aux événements imaginaires que nous avons dû prendre pour base, et poursuivre dans un enchaînement calculé, afin de pouvoir traiter successivement la plupart des situations qu'il était désirable de faire naître. Si nous avons réussi, si le tableau que nous avons présenté éveille quelques unes des images que la campagne a laissées dans les souvenirs du lecteur, nous aurons le droit d'espérer que notre étude pourra lui être utile.

Les considérations, exposées dans nos études, ne sont que des appréciations personnelles de l'auteur ; elles n'ont nullement la prétention, nous le répétons encore, d'être toujours justes. Si elles peuvent surexciter le lecteur et appeler son attention sur maintes pages dignes d'être méditées de ce service de cavalerie à la fois si important, si brillant et si difficile, le but de ce travail sera atteint.

Dans tous les cas, on pourra se rendre compte, dans un ordre d'idées plus élevé, des hautes exigences qui s'imposent à un général de cavalerie. Le général qui commande une division de cavalerie se trouve sans cesse dans des situations qui exigent de lui une connaissance des plus approfondie des choses de la grande guerre, ce qui n'est qu'exceptionnel pour le commandant d'une division d'infanterie. Ensuite, la rapidité avec laquelle se dénoue un combat de cavalerie réclame l'harmonie la plus complète entre la troupe et le chef qui la commande, et les plus hautes aptitudes dans le maniement des évolutions. Aucun combat n'exige autant de talent de la part du chef que celui d'une division de cavalerie ; il n'y a pas, à notre avis, de mission plus difficile

pour le commandement. Plus pressante, en conséquence, est la nécessité de fournir avec usure
à la cavalerie toutes les occasions possibles de se
préparer suffisamment pour la guerre, et cela,
dans l'organisation avec laquelle elle doit paraître
sur le théâtre d'opérations et les mêmes hommes
qui doivent la commander en campagne.

FIN

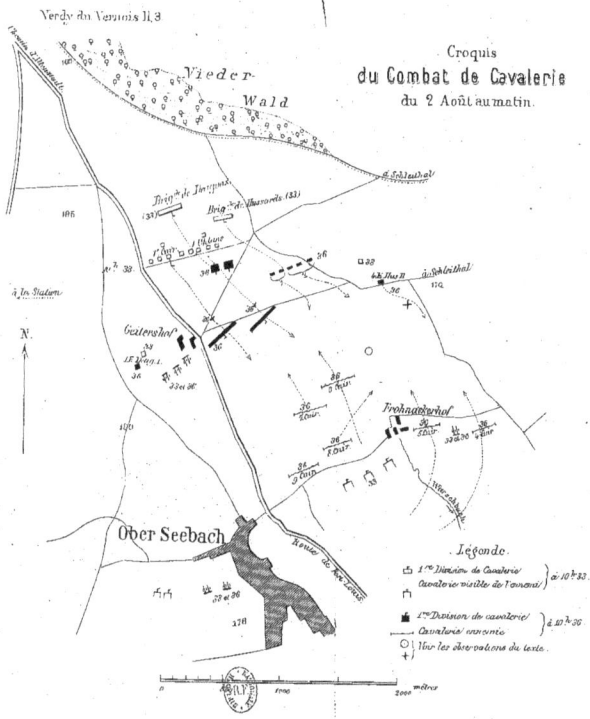

Verdy du Vernois II. 3

Croquis
du Combat de Cavalerie
du 2 Août au matin.

Nieder-Wald

à Schleuthal

Brig.ᵈᵉ Jarippus (33)

Brig.ᵈᵉ Hussards (33)

à la Station

N.

Gutershof

Frohnackerhof

Ober Seebach

Légende.

C. Muquardt.

www.ingramcontent.com/pod-product-compliance
Lightning Source LLC
Chambersburg PA
CBHW072219270326
41930CB00010B/1923